KB216083

성경 해석 1

삶에서 은혜 받는

: 책임 있는 성경 해석과 묵상

목 차

삶에서 은혜 받는 성경 해석 · 1

추천사

삶에서 은혜 받는 성경 해석 · 1

: 설교자는 성경 전문가가 되어야 합니다. 이 책은 성경 해석의 전문적인 영역을 친절하게 잘 설명해 주고 있습니다. 그에 못지않게 설교자는 삶의 세계 또한 주목해야 합니다. 삶의 세계에 대한 이해가 부족하다면 성경을 깊이 해석하지 못하며, 그 뜻을 잘 전달하지도 못하기 때문입니다. 저자는 그 측면을 고려해 성경 본문과 삶의 세계가 연결되는 부분을 이 책에서 잘 풀어 주었습니다. 그러나 단지 설교자만을 위한 책은 아닙니다. 성경을 더 깊이 묵상하고자 하는 모든 성도에게도 유익합니다. 이 책을 모든 설교자와 성도들에게 기쁜 마음으로 추천합니다. 아울러 성경 본문을 더 세밀하고 상세하게 해설하는 책들도 속히 출간해 줄 것을 저자에게 부탁합니다.

박영호 목사(창원새순교회, 고신총회장)

: 『삶에서 은혜 받는 성경 해석』은 한번 잡고 읽기 시작하면 끝까지 읽게 하는 묘한 힘을 가졌습니다. 성경 해석학을 다루는 학문적인 책이면서도, 저자의 고백록과 같은 느낌을 줍니다. 통상 어렵게만 느껴지던 성경 해석학이 이렇게 쉽게 쓰일 수 있다는 것이 매우 경이롭습니다. 저자가 그만큼 이 분야의 전문가로서 정상에서 넓게 조망하고 깊이 꿰뚫어 보고 있기 때문입니다. 이렇게 가독성도 있는데다가 매우 품위 있게 쓰인

책을 만나기 쉽지 않습니다. 저자는 한국 교회를 바로 세우는 일차적 작업이 말씀을 바르게 해석하고 적용하는 것에 달려 있다고 보면서, 설교자가 범하기 쉬운 실수들을 구체적으로 제시하며 친절하게 설명합니다. 진지한 독자들은 쉽게 그 실수들을 깨닫고 그것을 스스로 바로 잡아갈 수 있을 것입니다. 바른 성경 해석과 적용을 갈망하는 설교자들과 신학도들에게 이 책을 적극 추천합니다.

신원하 교수(고려신학대학원 원장)

: 최승락 교수의 글은 언제나 깊은 울림이 있습니다. 그의 글은 신학적이되 건조하지 않으며, 깊되 현학적이지 않으며, 우리의 생각과 영에 파고드는 힘이 있습니다. 제가 아는 최교수는 자기의 신학, 설교, 삶이 일치하는, 이 시대에 흔치 않은 신앙인입니다. 그가 가진 깊은 묵상의 힘과 영성이 오늘날 한국교회가 필요로 하는 바로 그것입니다. 이 책은 성경 해석이라는 어려운 주제를 어렵지 않게 독자들에게 제시합니다. 말씀을 올바로 이해하고 또한 전하고자 하는 열망이 있는 모든 분에게 이 책은 소중한 길잡이가 될 것입니다.

조병진 교수 (KAIST 전기전자공학부 석좌교수)

머리말

삶에서 은혜 받는 성경 해석 · 1

묵상은 성도의 생명이요 지혜입니다. 험하고 거친 세상 속에서 말씀을 붙잡고 살아가는 사람은 넘어지지 않습니다. 오히려 그 속에서 세상을 초월하는 하나님의 평안과 자유를 누립니다. 묵상은 우리를 하나님의 사람으로 형성하며, 우리의 정체성을 세상 속에 드러내게 합니다. 묵상의 능력은 무한하며 그 기쁨은 끝이 없습니다.

하지만 묵상의 길이 쉽지만은 않습니다. 적절한 훈련이 수반되지 않으면 묵상이 때로는 자기 선입견이나 욕망의 도구로 전락되기도 합니다. 묵상을 위한 좋은 훈련의 과정이 필요한 이유가 여기에 있습니다. 우리는 배우면서 가르치고, 또 매일 묵상을 시행하면서 동시에 시정도 해나가야 합니다. 이런 과정은 평생 계속됩니다.

이 책은 묵상의 방법을 가르치는 책은 아닙니다. 성경 해석에서 묵상에 이르는 전반적인 주제를 다루고 있지만, 교과서적인 목적을 염두에 두고 이 글을 쓴 것은 아닙니다. 오히려 나눔이나 보여 줌의 목적이 더 크게 작용합니다. 저 자신이 평소에 귀하게 여기며 붙잡고 살아가는 말씀들을 나누려 합니다. 그 말씀들을 어떻게 묵상하는지 보여주면서 묵상의 길도 제시하고자 합니다. 그러다 보니 여기에는 사적인 경험들도 들어 있고, 성경 연구의 방법론도 들어 있습니다. 설교자나 설교 훈련을 받고 있는 분들을 염두에 두기도 하면서 동시에 일반 성도들을 염두에 두기도 합니다.

처한 자리는 다르지만 우리 모두의 궁극적 목적은 동일합니다. 하나님의 역사 운행의 계획을 분명하게 잘 알고, 그의 이야기를 나의 이야기로 삼아 내가 발붙이고 살아가는 이 시대의 현장 속에서 어떻게 그의 영광스러운 자녀의 삶을 살아낼 것인가 하는 것이 우리 모두의 공통적인 관심사입니다. 이 부족하고 보잘 것 없는 책이 이 일에 작은 기여나마 할 수 있기를 바라는 마음뿐입니다.

이 책이 배태된 계기는 삼 년 반 전으로 거슬러 올라갑니다. 고신 총회교육원에서 발행하는 《설교자를 위한 복있는 사람》이 만들어질 무렵 당시 원장이었던 박신웅 목사님과 나누었던 대화가 계기가 되었습니다. 말씀 묵상의 좋은 본보기가 있으면 좋겠다는 것이 그 대화의 주제였고, 그 본보기로서 이 원고들을 《설교자를 위한 복있는 사람》에 연재했습니다. 원래 취지와는 달리 글을 쓰다 보니 저에게 좀 더 익숙한 '가르치려는' 방향으로 흘러가고 있다는 느낌을 받으면서도 3년이라는 긴 시간 동안 계속 연재하게 되었습니다. 긴 시간 글을 쓸 수 있도록 지면을 할애해 준 박신웅 목사님과 《설교자를 위한 복있는 사람》 편집진에 감사를 드립니다. 특히 연재된 글들을 책으로 만드는 과정에서 편집을 맡아 수고해 준 윤웅열 강도사님께 애정 어린 감사를 표합니다.

이 책에는 이름을 밝히지 않고 직접, 간접으로 이야기에 등장을 시킨 분들이 많이 있습니다. 그분들이 허락도 없이 내 이야기를 글에 사용했다고 화내는 일이 없기를 바랍니다. 저 자신을 포함해서 우리의 삶은 하나님께서 세상 앞에 내어놓기를 원하시는 표본들이니까요. 은혜로 살아가는 삶의 동반자들인 이름 밝히지 않은 형제자매들께도 감사의 마음을 표합니다. 우리 모두가 이 "어그러지고 거스르는 세대 가운데서" 아름답게 빛나는 별들로(빌 2:15) 살아가기를 바랍니다.

2021년 신년을 맞아 회복의 날을 소망하며,
저자 최승락

1장.

삶의 세계와
성경 해석

우리의 삶이 성경 해석에
모종의 작용을 할까요?

우리의 삶이 성경 해석에 모종의 작용을 할까요? 당연히 그렇습니다. 그것도 매우 큰 영향을 미칩니다. 33년 전 아내가 뇌종양 수술을 받았더랬습니다. 뱃속에 아이를 가진 상태에서 발병이 되어 매우 복잡하고 또 심각한 상태였습니다. 저는 이런 상황을 짊어지고 하나님을 찾으며 성경을 읽었습니다. 무엇보다 힘이 되었던 말씀은 시편 30편이었습니다. 특히 4절 말씀을 힘차게 붙들었습니다. "그의 노염은 잠깐이요 그의 은총은 평생이로다 저녁에는 울음이 깃들일지라도 아침에는 기쁨이 오리로다." 아내는 아내대로 "예수 잘 믿는 네가 왜 이런 일을 당하니?"라는 안 믿는 한 친구의 말이 가슴에 박혀서 12절의 말씀을 취하여 "내 영광으로 주를 찬송하게" 해달라고 떼를 쓰듯 기도하기도 했습니다. 다행히 위험한 수술을 잘 마쳤고, 병상에 누운 아내와 함께 우리의 베옷을 기쁨의 옷으로 바꾸어 주실 하나님을 소망하면서 찬양했습니다.

인생의 크고 작은 일들 속에서 우리 모두는 삶으로부터 시작하는 성경의 해석자들이 됩니다. 하나님을 간절히 찾는 마음이 있을 때 성경의 문자들은 글씨로만 보이는 것이 아니라 살아 있는 말씀으로 우리에게 다가옵니다. 그 문자들을 통하여 하나님은 우리에게 약속을 주기도 하시고 어지러운 마음에 지혜와 깨달음을 주기도 하시며, 위로와 격려를 주시거나, 명령과 훈계를 주기도 하십니다. 우리는 이것을 흔히 "하나님의 음성을 듣는다."고 말합니다. 우리는 이런 표현을 두고 "정말 하나님이 소리를 내어 너에게 말씀을 하셨느냐?"라고 따질 필요는 없습니다(물론 그런 방식으로 계시를 받았다고 우기는 사람이 있다면 이는 다른 문제가 됩니다). 우리가 절박한 삶의 상황 속에서 하나님을 간절히 찾을 때 하나님은 마치 우리 앞에 찾아오셔서 친히 말씀하시는 것처럼 기록된 말씀을 통하여 우리를 만나주십니다.

이처럼 성경의 해석은 구체적인 삶의 상황과 함께 시작됩니다. 우리는 삶을 통하여 형성된 기대와 관심을 가지고 성경을 읽기 시작합니다. 그러므로 삶의 상황은 성경 해석에 대단히 중요한 역할을 한다는 것을 부인할 수 없습니다. 이런 사실을 굳이 강조하는 이유는 학문적 성경 해석이 보통

이를 도외시하는 실수를 되풀이해 왔기 때문입니다. 학문적 성경 해석은 '전제' 없는 소위 '객관적' 성경 해석을 숭상해왔습니다. '전제' 속에는 개인적 경험이나 선입견, 또는 의견이 포함될 수도 있고 신학적 고백이나 입장이 포함될 수도 있습니다. 또는 스스로 의식하지 못하지만 늘 우리 배후에서 작용하고 있는 사회적 위치(남성/여성, 블루칼라/화이트칼라 등)나 '편'이 포함될 수도 있습니다. 이런 것들이 자기도 알지 못하는 사이에 해석을 왜곡시킬 수 있기 때문에, 모든 전제를 다 내려놓고 객관적 입장에서 성경 해석에 임하여야 한다는 것이 학자들 사이의 오랜 게임의 룰이었습니다.

물론 학자들만 이를 주장하는 것은 아닙니다. 요즘 각광받는 소위 '귀납법적 성경 해석'이라는 것도 어느 정도는 이런 원리를 바탕에 둡니다. 이 해석 방식은 본문에 대한 편견 없는 '관찰'에서부터 시작하여 '해석'을 제시하고, 그 다음에 '적용'으로 나아가는 방식이 가장 바람직한 방법이라고 생각합니다. 물론 이것이 상대적으로 보다 나은 성경 공부 방식인 것을 부정할 수는 없습니다. 그러나 이런 방법은 성경공부를 꾸준히 해 온 사람들에 의해 틀이 잡힌 방식입니다. 이런 틀을 잡기까지는 많은 훈련이 필요합니다. 목회자들의 경우는 개인적으로 오래 성경을 연구해 온 경험 위에, 신학교에서 배운 석의법이 더하여져서 이런 접근

이 지극히 당연하고 자연스럽다고 생각할 것입니다. 그러나 이런 훈련의 과정을 거치지 않은 사람들에게는 이런 틀 자체가 매우 생소하게 느껴집니다.

일반 교인들에게 보다 익숙한 성경읽기 방식은 성경과 자기 삶의 상황을 연결시키기 쉬운 QT식 방식입니다. 흔히 다른 성경 해석 방식에 비해 이 방식을 급이 더 낮은 것으로 치부합니다. 그러나 일방적으로 그렇게 할 수는 없습니다. 오히려 삶의 상황이 던지는 기대와 관심을 따라 성경을 더 깊이 묵상하고 하나님과의 산 관계를 증폭시키는 면에 있어서는 이것이 훨씬 더 고차원적인 방식일 수 있기 때문입니다. 다만 성경을 자기 생각이나 경험의 종속물처럼 만들어 버린다면 그 피해는 매우 클 수밖에 없기 때문에, 다른 방식의 성경공부와 반드시 병행해야 합니다. 이어서 이런 유관 문제들을 좀 더 세밀하게 살펴보겠습니다.

: 해석에서 적용으로, 과연 불변의 철칙인가?

소위 '객관적' 해석에 대한 추구는 서구 근대 사회의 이상 중 하나입니다. 특히 데카르트(R. Descartes, 1596-1650)는 객관적이고 확실한 지식에 대한 적으로 편견이나 선입견, 전통이나 권위 등을 지목했습니다. "나는 생각한다, 고로 나는 존재한다(Cogito, ergo sum)."는 그의 출발

점은 확실하고도 객관적인 지식 추구의 중심에 개인주의적인 "나"를 위치시켰습니다. 그리고 이 "나"의 자율성과 독립성을 확보하기 위해 기존에 받아들여져 오던 모든 것에 대한 회의를 지식 추구의 출발점으로 정립시켰습니다. 데카르트의 지식 추구의 기본 원칙은 그의 대표작인 『방법서설 (Discours de la method)』속에 잘 나타나 있습니다. 그의 결심은 이런 것입니다.[1]

> "명백히 그러하다고 내가 아는 것이 아닌 그 어떤 것도 결코 받아들이지 않는 것, 다시 말해서 경솔함과 편견을 주의 깊게 피하고, 나의 정신에 의심의 여지없이 너무나 분명하고도 뚜렷하게 제시되어 오는 것이 아니고는 그 어떤 것도 일고치 않기로 하는 것이다."

서구 근대 사회의 태동에 데카르트의 영향은 매우 지대했습니다. 그의 방법론은 이후 학문적 방법론의 보편적인 토대가 되었고, 성경 해석도 이런 영향을 비켜갈 수 없었습니다. 그의 방식을 따르면 모든 선입견은 학문적 성경 해석의 적이 됩니다. 지금까지 우리가 가지고 있던 신앙고백적인 입장이나 삶의 경험 등도 다 의심의 대상에 속합니다. 아무 전제 없이, 성경을 있는 그대로 관찰하는 데서부터 해석을 시작해야 합니다. 이런 접근이 얼핏 보면 매우 매력적인 것 같지만, 실상은 하나의 공상에 지나지 않습니다. 먼저, 어느 누구도 자기 혼자 고립적으로 존재하는 초월적인

"나"가 될 수 없습니다. 뿐만 아니라 주어진 삶의 자리나 전통 속에 몸담고 살아가지 않는 사람은 아무도 없습니다. 모든 사람은 삶의 자리 속에서 태어나 자라고, 교육 받고, 문화적으로 형성됩니다. 그렇기 때문에 이런 과정에서 형성되는 모든 것을 다 선입견이나 편견으로 치부하여 지식이나 진리의 적으로 간주하는 것은 출발 자체부터가 잘못된 일임이 분명합니다.

데카르트 식의 접근 방법에 대한 가장 치밀한 반성은 독일의 철학자이자 해석학자인 한스게오르크 가다머(H.-G. Gadamer, 1900-2002)에게서 나왔습니다. 가다머는 데카르트가 말하는 것처럼 선입견이 항상 부정적 기능만 가지는 것이 아님을 강조합니다. 진정한 이해에 이르기 위해서는 어떤 형태로든지 선지식이 필요합니다. 아무런 선지식이나 접촉점도 없이 무엇인가를 이해하라고 하면 오히려 이해보다 오해가 더 빈번하게 일어나게 될 것입니다. 생각해 보십시오. 양식을 처음 접하는 사람이 손 씻는 물을 마시는 물로 착각하고 다 마셔버렸다는 이야기를 듣지 않으셨습니까? 반대로 우리가 사용했던 요강을 서구 사람들이 장식장 위에나 식탁 위에 올려놓기도 하지 않습니까? 어떤 물건의 용례에 대한 선지식은 특정 문화 속에서 삶의 방식과 긴밀하게 연관되어 있습니다. 이처럼 정황을 잘 아는 것이 상대의 글이나 문화를 이해하는 데 중요하게 작용합니다. 이해의 과정에 있어서 선입견이나 선지식은 불가피합니다. 선입견이 계속 선입견으로 남아 있으면 문제가 되겠지만, 이것이 타자와의 만남을 통해 수정되고 더 나은 방향으로 상승된다면, 이런 상호작용은 매우 건강한 것이 됩니다. 가다머는 이런 과정을 "해석학적 순환"(Hermeneutical circle)이라는 이름으로 정리합니다. 주어진 삶의 자리 속에서 우리는 이미 텍스트에 대한 선지식을 가지고 있습니다. 우리는 텍스트에 대한 질문을 먼저 가지고 텍스트를 만납니다. 그리고 텍스트가 주는 답을 통해 우리 이해의 지평은 더 확대되고 넓어집니다. 이런 순환적 만남이 계속 이루어지는 것이 해석의 과정입니다.

가다머가 생각하는 방식대로 해석의 과정을 받아들인다면 선입견이나 편견이 데카르트처럼 반드시 진리의 적이 될 필요는 없습니다. 오히려 이해에 이르는 하나의 토대로서 선 기능을 가질 수 있는데, 여기에 포함시킬 수 있는 것이 삶의 경험입니다. 개개인의 삶의 경험은 타인을 이해하는 데 방해가 될 수도 있고 좋은 접촉점이 될 수도 있습니다. 자기의 경험을 절대시하거나 거기에 너무 압도되어 있는 경우에는 자기 울타리를 벗어나지 못하고 자기 경험의 노예가 되어 버릴 수도 있습니다. 이렇게 되면 그 경험은 오히려 타인을 이해하고 받아들이지 못하게 가로막는 방해물로 작용합니다. 그러나 많은 경우에는 자기만의 깊은 경험이 유사한 종류의 경험을 겪고 있는 다른 사람이나 그런 경험을 기반으로 하는 텍스트를 더 깊이 이해하는 데 도움이 됩니다.

이런 이유에서 가다머는 해석의 모든 과정에 있어서 적용이 본질적으로 중요한 기능을 가진다고 강조합니다. 적용은 본문 해석을 다 해 놓고 맨 끝에 가서야 생각하는 그런 단계가 아닙니다. 적용은 해석 과정에서 맨 처음부터 자신의 존재감을 드러냅니다. 적용 없이는 해석이 이루어질 수 없기 때문이며, 처음부터 적용을 염두에 두지 않는 해석은 그 자체가 공허할 뿐이기 때문입니다. 가다머는 그의 대표작인 『진리와 방법(*Truth and Method*)』에서 데카르트 이후로 하나의 해석의 틀로 자리 잡은 이해 → 해석 → 적용 의 과정을 재고하거나 수정할 것을 제안합니다. 그는 이렇게 말합니다.[2]

> "우리는 낭만적 해석학의 과정을 한 단계 넘어가야만 한다. 이해와 해석뿐만 아니라 적용 또한 하나의 통일된 전체 해석 과정의 일환이라는 것을 인식해야만 한다. … 우리는 이해와 해석이 해석 과정 속에서 가지는 지위만큼이나 적용 또한 해석 과정의 본질적 요소라는 것을 고려해야만 한다."

가다머의 이런 인식이 가장 빛을 발하는 곳은 성경 해석 분야입니다. 물론 우리는 가다머의 위험성을 간과해선 안 됩니다. '진리는 오직 연주(play)되는 곳에서만 그 모습을 드러낸다.'는 그의 인식이 우리의 성경 이해와는 맞지 않는 측면이 있기 때문입니다. 연주(설교)되지 않는다고 해서 성경이 하나님의 말씀이 아니라고 말할 수는 없습니다. 이런 위험성을 간과해선 안 되지만, 그러나 여기서는 그의 좋은 기여에 좀 더 초점을 맞추려 합니다. 곧 적용을 성경 해석의 핵심 요소로 회복시킨 점입니다.

성경을 문자적 의미로만 풀어 놓는다고 해서 그것이 성경 해석의 전부가 되는 것은 아닙니다. 설교도 마찬가지입니다. "이것이 성경의 문자적 의미이다."라고 제시하는 것이 설교의 전부가 될 수 없습니다. 그것은 설교의 한 부분에 지나지 않습니다. 그것이 이 시대 청중의 삶과 어떻게 연결되는지를 보여 주지 않으면, 그 설교는 매우 공허한 이야기에 불과합니다. 성경 해석에 있어서나 설교에 있어서 적용은 본질적 자리를 가집니다.

적용의 영역은 삶의 이야기가 펼쳐지는 장입니다. 삶의 현장, 그리고 그속에서 만들어지는 기대와 추구, 고민과 질문들은 성경 해석의 작업에 고스란히 이어집니다. 우리는 이것을 굳이 분리할 필요가 없습니다. 물론 성경 본문 그 자체의 의미를 알아내기 위해 우리의 삶의 고민들을 잠시 멈추어 놓아야 하는 순간이 있을 수는 있습니다. 하지만 이것도 잠정적인 조치에 지나지 않습니다. 우리 삶의 고민이 성경 해석에서 전적으로 배제되는 것은 있을 수도 없고 또 그렇게 되지도 않습니다. 오히려 그 역으로 삶의 고민이 더 치열할수록 성경의 의미가 더 생생하게 다가옵니다. 가다머나 다른 실존주의 철학자들이 말하는 "질문의 우선성"(*대답을 대답되게 하는 것이 질문이라는 개념)을 지나치게 신봉하지 않는다 하더라도, 최소한 성경 해석에 있어서 우리 삶의 고뇌나 질문이 성경의 의미 포착에 중요한 기여를 한다는 것을 우리는 결코 부인할 수 없을 것입니다.[3]

저는 오랫동안 에스겔서를 좋아했습니다. 하나님 자신의 이름과 거룩성에 대한 하나님 자신의 열심을 읽는 것이 늘 귀한 도전이 되고 은혜가 되었습니다. 여러 차례 에스겔서를 읽었지만, 어느 순간까지는 에스겔의 개인사가 눈에 들어오지를 않았습니다. 그런데 몇 년 전에 아내가 다시 아프기 시작했습니다. 33년 전 뇌종양 수술 이후 약간의 후유증은 있었지만 생활하는 데는 큰 지장 없이 25년 이상을 잘 버텨왔습니다. 그러다가 8년쯤 전부터 몸의 동작이 눈에 띄게 둔해지기 시작했습니다. 보행에 문제가 일어나기 시작했고 또 자주 넘어졌습니다. 급기야 파킨슨병과 치매 복합 진단이 떨어졌습니다. 더 이상 혼자 움직일 수 없는 상황이 되었고, 집에서 돌보는 것이 불가능한 상황이 닥쳤습니다. 6년 전 여름에 아내를 병원에 맡기면서 터져 나오는 눈물과 신음을 막을 수 없었습니다. 그 후로 지금까지 봄이 오고 가을이 오며, 꽃이 피고 낙엽이 물들 때마다 남의 속도 모르고 찾아오는 아름다운 계절들이 야속하다고 느끼면서 병원을 오가고 있습니다.

'왜 내게 이런 험한 일이 찾아오는가?' 속으로 아픔을 느끼며 인생의 짐이 참 견디기 힘들다고 느낄 즈음 에스겔의 가정사가 비로소 저의 눈을 사로잡았습니다. 하나님께서 어느 날 에스겔에게 느닷없이 이렇게 말씀하십니다. "인자야 내가 네 눈에 기뻐하는 것을 한 번 쳐서 빼앗으리니 너는 슬퍼하거나 울거나 눈물을 흘리거나 하지 말며 … 수건으로 머리를 동이고 발에 신을 신고 입술을 가리지 말고 사람이 초상집에서 먹는 음식물을 먹지 말라 하신지라"(겔 24:16-17). 이 말씀을 아침에 주시고 저녁에 선지자의 아내를 거두어 가셨습니다. 에스겔은 하나님의 지시대로 이 말씀을 받자마자 백성에게 나가서 그대로 다 예고했고, 저녁에는 그 일이 그대로 이루어졌습니다. 하루아침에 에스겔은 아내를 잃었습니다. 그의 눈에 기쁨이 되던 아내를 잃고 온통 슬픔에 사로잡힐 수밖에 없는 선지자였지만, 그는 하나님의 말씀대로 밖으로 슬픔을 보이지도 않았고, 마치 아무 일이 없었다는 듯이 외출 복장을 갖추고 사람들을 맞았습니다. 상주로서 천으로 입술을 가리지도 않았고, 상주가 먹는 별도 음식을 먹지도 않았습니다.

이런 이야기를 읽으면서 '어쩌면 하나님은 이렇게 야속하실 수가 있는가?' 하는 생각이 들었습니다. 물론 하나님께서 이 일을 통해 보여 주시고자 하는 그분의 메시지를 모르는 바는 아닙니다. 인간이 그 눈에 기뻐하는 것을 잃는 것처럼 하나님께서도 기쁨이 되는 예루살렘과 성전을 잃는 아픔을 감수하시겠다는 것입니다. 이것을 선지자의 개인사를 통해 하나의 생생한 실물 메시지로 전달하고자 하신 것입니다. 이런 하나님의 뜻을 이해는 하겠는데, 그러나 에스겔 선지자 자신은 무엇이 됩니까? 하나님은 에스겔 개인의 아픔에 대해서는 아랑곳하지 않으시는 분인가요? 억누르지 못할 슬픔을 가슴에 품고도 슬픈 기색조차 내지 말라는 것은 정말 너무한 일이 아닌가요? 에스겔의 인간적 아픔이 처음으로 깊게 마음을 파고들었습니다. 그러나 알고 보니 그것은 에스겔의 아픔만이 아니라 하나님 자신의 아픔이었습니다. 하나님 자신도 그의 아들을 내어 주시는 아픔을 친히 감당하려 하시는 것이었습니다. 아픔의 공유! 그 속에서 가장 밀도 짙은 친밀감이 형성됩니다.

아픔이란 것은 이해는 되지 않지만, 그래도 그 자체가 하나님의 선물입니다. 이 깊은 진리가 깨달아지는 것 자체가 선물입니다. 성경이 품고 있는 많은 진리가 우리 눈에 포착되지 못하고 스쳐 지나가는 때가 많습니다. 많은 경우 그것은 우리 자신이 아직 준비되지 못해서입니다. 우리 삶의 경험들이 제한되어 있기 때문입니다.

안타깝게도 목회자의 제한된 삶의 경험은 성경 해석과

설교에 직접적인 영향을 끼칩니다. 이것을 목회자 자기만 안고 살아간다면 큰 문제는 아닐 것입니다. 하지만 목회자는 설교자로서 다양한 삶의 환경 속에 놓인 성도들의 삶 속에 말씀을 어떻게 적용해야 할지를 끊임없이 고민하는 사람입니다. 그러니 이 문제가 결코 쉽지 않습니다. 성경을 자구적으로 잘 풀이하는 것은 신학 훈련을 통해 충분히 개선될 수 있는 문제입니다. 그러나 그것이 어떻게 성도들의 다양한 삶의 환경 속에 적용되어야 할 것인지를 아는 것은 전혀 다른 차원의 문제입니다. 제일 좋지 못한 설교자는 아예 이런 일에 관심이 없는 설교자입니다. 성경을 자구적으로 풀이하는 데 매우 탁월하더라도, 그것을 성도들의 삶 속에 심어 주는 일에 관심이 없다면 그 사람은 그 탁월함에도 불구하고 가장 질이 떨어지는 설교자입니다.

이와 관련하여 옛날부터 내려오는 유명한 이야기가 있습니다. 스코틀랜드의 어떤 교인이 자기 목사에 대해 불평하면서 이런 말을 했습니다. "우리 목사님은 일주일 내내 얼굴 보기 어려운 분이고, 주일날 한 번 나타나서는 자기만 아는 말만 늘어놓고 다시 사라지는 분이다." 이런 설교자는 좋은 목회자가 아닙니다. 어쩌면 이 이야기에 등장하는 목사는 성경을 자구적으로 해석하는 데 매우 탁월한 사람일지 모릅니다. 하지만 그럴수록 설교자가 자기만 지식의 세계를 거닐며 기쁠 뿐, 성도들은 설교 듣기를 점점 어려워

합니다. 왜 이런 일이 일어납니까? 이는 설교자가 성도의 삶에는 아예 관심이 없기 때문이며, 말씀이 어떻게 적용되어야 하는지의 문제는 처음부터 남의 일로 치부하고 있기 때문입니다.

설교자가 말씀의 적용에 진정한 관심을 가지고 있다면, 성도들 심방하기를 즐겨해야 합니다. 성도들의 삶의 현장 속에 스스로 들어가지 않으면 안 됩니다. 물론 말씀은 그 자체가 엄청난 활력과 포용력을 가지고 있기 때문에, 기록된 말씀을 신실하게 잘 풀어서 전달할 때 그 속에서 다양한 사람들의 다양한 문제들에 대한 빛이 비추이는 것은 사실입니다. 그러나 목회자가 성도들의 삶의 현실을 잘 알지 못할 때 흔히 보는 것처럼 엇박자가 일어납니다. 병원에 있는 아내와 함께 가끔 병원 안에서 시행되는 예배에 참석합니다. 외부에서 설교자가 들어와 예배를 인도하며 설교하는데, 종종 답답함을 느낍니다. 엇박자 때문입니다. 청중들은 대부분 노인성 치매를 가지고 있는 분들인데, 이들의 기억이 더 많이 사라지기 전에 예수 그리스도의 놀라운 사랑을 한 번이라도 더 생생하게 전달해 주기를 바라지만, 오히려 설교자는 엉뚱한 사회 현실의 이야기만 잔뜩 늘어놓고 있습니다. 찬송도 고상하고 복잡한 것이 필요가 없습니다. 가장 기본이 되는 것, 마지막까지 입과 마음에 담고 가야 하는 것, 그것이면 충분합니다. 그런데도 괜히 따라 부르지도 못할 고상한 곡들을 찾느라 애를 씁니다. 엇박자가 너무 심합니다. 심방을 안 해 본 티가 너무 납니다. 대상에게 맞출 줄을 모릅니다.

적용을 배제한 성경 해석은 있을 수 없습니다. 성경에 대한 자구적 풀이만 해 놓으면 적용이 자동적으로 될 줄로 생각하는 것도 매우 순진한 생각입니다. 자구적 풀이는 어쩌면 성경 해석의 가장 쉬운 단계인지 모릅니다. 삶의 해석이 정말로 어렵습니다. 이해할 수 없는 고통의 문제, 쉽게 답을 찾을 수 없는 복잡한 인생사의 문제들, 이런 것이 정말로 어려운 것들입니다. 이런 문제들로부터 단절되어서가 아니라, 바로 이런 문제들을 품고 우리는 성경 해석에 임합니다. 그런 점에서 적용은 성경 해석의 맨 마지막 단계가 아니라 맨 처음 단계이기도 합니다.

: 적용에서 해석으로, 문제는 없는가?

우리는 우리네 삶의 경험과 함께, 그리고 그 경험에서부터 성경 해석을 시작하지만, 이런 접근 속에 또한 맹점이 있다는 것을 자각할 필요가 있습니다. 우리의 경험이 성경의 세계를 가두는 좁은 틀이 되어서는 안 된다는 점을 반드시 기억해야 합니다. 그런 점에서 우리는 가다머 등이 말하는 "질문의 우선권"이 "질문의 지배권"이 되어서는 안 된다는 것을 덧붙일 필요가 있습니다.

폴 틸리히(P. Tillich, 1886-1965)의 신학 방법을 대표하
는 것이 "상관의 방법"입니다. 스탠리 그렌츠(S. J. Grenz)와
로저 올슨(R. E. Olson)이 정리한 바에 따르면 이 "상관의
방법"은 이런 방식으로 작용합니다.[4]

> "상관의 방법은 질문과 답변이 그 중심축을 이루고 있다. 질문은
> 인간 존재에 대한 주의 깊은 검토를 통하여 철학이 제기한다. …
> 두 번째 단계는 신학 고유의 단계로서, 철학이 발견은 하지만 답
> 하지는 못하는, 인간 존재 안에 암시된 질문들에 대하여 명확히
> 답하기 위하여 신적 계시의 상징들에 의존한다. … 신학자의 임무
> 는 계시가 제시한 답변들을 해석하되, 그것이 본래의 기독교 메시
> 지에 충실하면서도 현대의 세속인들이 묻는 질문들과 관련성을
> 갖도록 해주는 것이다."

이와 같은 방식은 성경 해석이 씨름해야 할 핵심 과제임
에 틀림없습니다. 물론 오늘날 철학이 신학 속에서 그 어
떤 답이나마 기대하고 있느냐 하는 것은 틸리히가 살던 시
대와 지금의 시대 사이에 너무나 큰 간격이 존재합니다. 더
이상 이 세상은 하나님을 문제의 답으로 여기지 않는 방향
으로 급속하게 전환되고 있습니다. 그러나 우리조차 이런
관심을 포기해 버려서는 안 됩니다. 왜냐하면 세상이 하나
님으로부터 답을 찾든 아니든 상관없이 하나님께서는 인생
의 문제들에 대한 답을 성경을 통해 우리에게 제공해 주시

기 때문입니다. 우리는 삶 속에서 일어나는 많은 문제를 안고 성경의 답을 향해 나아갑니다. 그래서 질문이 중요하고 적용이 중요합니다.

하지만 우리가 가지고 나아가는 질문이 성경의 답을 결정짓지는 않습니다. 오히려 성경은 우리가 보지 못하는 우리 자신의 문제를 볼 수 있도록 우리에게 질문을 던지기도 합니다. 하나님께서 보시는 시각에서 우리 자신을 보도록 도전하고 있습니다. 그리고 하나님 자신의 세계 속으로 우리를 끊임없이 초청합니다. 우리 경험의 세계 여하를 떠나서 우리는 성경 자체의 세계를 먼저 알지 않으면 안 됩니다. 그래서 우리는 성경 자체에 대한 지속적이고도 깊이 있는 연구를 반드시 별도로 해야 합니다. 이런 단계에서는 우리 자신의 전제를 먼저 다 내려놓지 않으면 안 됩니다. 우리의 경험이나 전제들을 성경의 세계에 복속시켜야 합니다. 이런 차원에서의 성경공부를 위해서는 관찰 → 해석 → 적용으로 이어지는 귀납법적 방식의 성경공부가 매우 유용합니다. 다만 이것도 하나의 잠정적인 형태의 틀이라는 것을 전제해야 합니다. 왜냐하면 적용은 여전히 관찰 단계에서부터 하나의 기대와 관심으로 해석 과정에 참여하기 때문입니다.

: 해석학적 순환의 선 구조 살리기

그렇다면 우리는 성경 해석에 있어서 해석의 단계와 적용의 단계가 어느 것이 먼저랄 것도 없이 서로가 상호관계를 형성하고 있다는 것을 인정하지 않을 수 없습니다. 이렇게 되면 귀납법적 방식이 더 낫냐, 아니면 QT식 방식이 더 낫냐 하는 논쟁은 무의미한 논쟁이 됩니다. 우리는 어느 하나만을 배타적으로 택할 것이 아니라 각각이 장단점을 가지고 있다는 것을 알아서, 서로를 보완하는 방식으로 양자를 취합해야 합니다. 이 양자는 함께 하나의 해석학적 순환을 형성합니다. 성경의 세계에 대한 놀람에서부터 구체적인 삶의 적용으로 들어가든지, 아니면 삶의 문제에서 일어나는 질문들을 안고 성경의 답을 찾아가든지, 이 양자는 서로가 서로를 자극합니다. 성경의 세계로부터이든, 아니면 삶의 세계로부터이든, 좋은 자극을 많이 받는 것이 좋은 성경 해석에 이르는 길입니다.

2장.

유비를 통한
성경 묵상

유비적 연결을 통하여 새로운 차원의
위로와 즐거움을 누리게 됩니다.

묵상이 잘못되면 "변종 경건"이나 "안 거룩한 헌신" 같은 것이 생길 수 있습니다. 이는 6장에서 좀 더 살펴보겠습니다. 이를 피하기 위해서는 우리가 처한 상황을 앞세우지 말고 항상 성경 말씀의 원래 의미가 무엇인지 먼저 살펴보아야 합니다. 그 말씀에 우리의 상황을 복속시킬 때 하나님께서 원하시는 거룩한 삶이 만들어집니다. 반대로 우리의 상황에 하나님의 말씀을 짜깁기해 넣으면, 우리가 사용하는 언어는 성경적인 것 같은데 실제적인 모습은 전혀 성경적이지 않은 "변종 경건"으로 이어집니다.

성경 묵상 과정에서 우리 삶의 상황이 실제로 어떻게 작용할까요? 먼저 성경이 말하는 것과 유사한 삶의 경험을 가진 것이 있다면 그 성경 말씀을 이해하기가 훨씬 쉬울 것입니다. 나아가 그 말씀이 나를 향한 말씀이라고 직접 적용하는 것도 쉽게 이루어질 수 있을 것입니다. 성경이 말하는 상황과 내가 당한 상황 간에 여러 가지 차원에서의 유사성이 나타날 수 있습니다. 물론 성경이 말하는 것과 꼭 같은 형태의 사건은 다시 일어날 수 없습니다. 성경 자체가 이미 일어난 역사적 사건들에 대한 기록이기 때문입니다. 뿐만 아니라 성경에 기록되지 않은 새로운 차원의 사건들이 오늘 우리가 살아가고 있는 이 시대의 삶의 현장 속에 수없이 많이 일어나고 있습니다. 이런 차이들에도 불구하고 우리 삶 속에서 경험하는 일들은 성경에 기록된 일들과 다양한 방식으로 유사성을 형성합니다. 우리는 이런 유사성을 '유비'라는 이름으로 묶어서 생각해 보고자 합니다. 이런 유비가 말씀의 묵상에 어떻게 작용하는 것일까요? 그것은 말씀의 묵상에 도움을 주는 것일까요, 아니면 해악을 주는 위험한 요소일까요?

: 번 포이트레스의 견해

미국 웨스트민스터신학교의 저명한 신약학 교수인 번 포이트레스(V. S. Poythress)는 그의 책『하나님 중심의 성경 해석학』에서 이와 관련된 실제적인 예 하나를 소개합니다.[1] 어떤 남편을 잃은 여인이 이사야 54:4-5의 말씀을 읽었습니다. 하나님께서 예루살렘의 회복을 약속하시면서 "두려워하지 말라 … 놀라지 말라 … 네가 네 젊었을 때의 수치를 잊겠고 과부 때의 치욕을 다시 기억함이 없으리니 이는 너를 지으신 이가 네 남편이시라."고 일러주시는 말씀입니다. 이 여인은 자신이 남편을 잃게 되었을 때 이 말씀을 읽고 큰 위로를 받았노라고 간증하였습니다. 하나님께서 친히 그녀의 남편이 되어주시겠다는 약속으로 이 말씀을 받았던 것입니다. 예루살렘의 '과부' 경험과 이 여인의 과부 경험 사이에는 유비가 있습니다. 물론 이 유비 배후에는 유사성만 있는 것은 아니고 큰 상이성도 놓여 있습니다. 예루살렘의 '과부' 경험은 하나님을 '남편'으로 표현하는 은유(metaphor)에 근거합니다. 예루살렘은 사람이 아니기 때문에 과부가 될 수도 없고, 또 그 '남편'이신 하나님은 실제로 죽으신 적이 없기 때문에 예루살렘이 실제로 과부가 된 적도 없습니다. 다만 예루살렘과 하나님의 관계를 인간의 과부 경험에 빗대어서 은유화한 것일 뿐입니다.

그러나 이런 상이성에도 불구하고 '과부'라는 언어적 표현이 다른 두 상황을 서로 연결시킬 수 있도록 만듭니다. 남편을 잃은 이 여인은 '과부'라는 표현을 통하여 예루살렘과 자신 사이의 유비적 공감을 형성하게 된 것입니다.

이런 유비적 연결에 대해 포이트레스는 매우 호의적인 입장을 취합니다.[2] 비록 둘 사이의 실제적 상황에는 큰 차이가 있지만, 그럼에도 불구하고 은유적 과부나 현실 속의 과부를 찾아오시고 위로하시는 하나님은 동일하신 분이기 때문입니다. 포이트레스는 이런 유비적 연결이 정당하다는 것을 뒷받침하기 위해 세 개의 신약 본문을 제시합니다. 하나는 하나님을 "위로의 하나님"이라고 부르는 고린도후서 1:3입니다. 또 하나는 사도 바울이 이사야 54장을 자신의 당대 상황에 적용하고 있는 갈라디아서 4:27입니다. 여기에 대해서는 잠시 후에 별도로 이야기를 더 해 보고자 합니다. 그리고 또 하나는 그리스도를 교회의 남편이라고 칭하는 에베소서 5:22-33입니다. 이 여인이 그리스도를 자신의 남편으로 삼은 교회의 일원이 되었기 때문에 과거 예루살렘의 경험이나 그 자신의 개인적 경험 사이에 실질적 연관성이 전혀 없는 것은 아니라는 이야기입니다.

포이트레스는 이런 유비적 연결을 무분별한 방식으로 사용해서는 안 된다는 것을 또한 잘 지적하고 있습니다. 왜냐하면 본문의 정확한 뜻을 먼저 살피지 않고 외적으로 드러나는 유사성이나 언어적 유비에만 집착할 때는 의미의 곡해가 쉽게 일어날 수 있기 때문입니다. 많은 이단이 이런 방식으로 성경을 곡해하기를 좋아합니다. 소위 '비유풀이'를 통해 유사한 용어나 상황들을 짜깁기해서 새로운 그림을 만들어 내는 경우가 그렇습니다. 따라서 유비의 사용은 성경 전체의 가르침과 일치되어야 하고, 본문의 주된 관심을 벗어나지 않도록 그 원의미에 의해 항상 통제를 받는 것이 중요합니다.

: 바울이 보여주는 유비적 연결(갈 4:21-28)

앞서 이사야 54장과 갈라디아서 4장의 관계에 대한 이야기가 나왔으니까 좀 더 자세하게 이 부분을 생각해 보면 좋겠습니다. 이를 통해 우리는 사도 바울이 어떻게 자신의 상황과 구약 본문과의 유비적 연결을 시도하는지 잘 볼 수 있을 것입니다. 바울이 직면해야 했던 문제는 갈라디아 지역의 교회들 속에 유대화주의자들이 침범하여 이방인 그리스도인들에게 유대인들처럼 할례 받기를 강요하고 율법 준수를 요구하였던 문제입니다. 갈라디아 지역 교회들이 바울이 전한 그리스도의 복음에 만족하지 못하고 유대화주의자들의 선전에 속아 넘어가고 있는 상황을 바울은 견딜 수 없었습니다. 그들이 할례를 받아들이는 순간 그리스도 안에서 누리던 모든 자유를 잃어버리고 율법의 종이 될 수밖에 없습니다. 바울은 그들이 종의 계보를 따르지 말고 자유의 계보를 따르도록 설득하고 있습니다. 종의 계보는 육신과 율법을 따르는 계보이지만, 자유의 계보는 약속과 믿음을 따르는 계보입니다. 바울은 이를 위해 창세기 16:15과 21:2에 언급된 것처럼 아브라함에게 두 아들이 있었던 사실을 언급합니다. 하나는 여종 하갈에게서 육체를 따라 난 아들이고 다른 하나는 자유의 여자 사라에게서 약속을 따라 난 아들입니다. 바울은 지금 창세기에 기록된 아브라함 가정의 일과 1세기 갈라디아 지역 교회들 속에서 일어나고 있는 현실적인 일 사이에서 유비적 연결을 시도하고 있습니다. 그러면서 바울은 이것을 "비유"(갈 4:24)라고 말합니다. 이는 문자적으로 "알레고리화된 것들"이라는 표현인데, 바울은 일종의 알레고리적 해석을 하고 있는 것입니다.

물론 바울이 시도하는 알레고리적 해석은 유대인 해석가 필로(philo)가 했던 것과 같은 알레고리화 작업과는 거리가 멉니다. 바울은 창세기 본문이 가지는 역사적 맥락과 그 원의미를 떠나지 않습니다. 창세기 기록을 아무렇게나 원하는 대로 의미를 갖다 붙이면 되는 그런 공상적인 기록으로 취급하지도 않습니다. 오히려 그 반대입니다. 그 기록 그대로 과거에 그 일이 일어났기 때문에 현재 현안에 대해서도 신빙성 있는 해결의 근거가 될 수 있다고 보는 것입니다. 바울은 이런 방식으로 그 두 가지 서로 다른 사건들 속에서 유비적 연결성을 찾고 있습니다.

바울은 이 유비적 연결점을 더 확대시킵니다. 하갈과 사라를 따라 전개되던 이야기가 25절에 오면 하갈은 시내 산으로 연결되고, 다시 이 시내 산은 "지금 있는 예루살렘" 곧 지리상의 예루살렘으로 연결됩니다. 이 지상 예루살렘은 유대화주의자들의 사상적 본거지입니다. 따라서 하갈 → 시내 산 → 지상 예루살렘으로 이어지는 계보는 율법을 신뢰하고 육체를 따르는 사람들의 계보입니다. 그런데 이

지점에 와서 하갈과 짝을 이루는 사라의 이름은 사라져 버립니다. 대신 지상 예루살렘에 대비되는 "위에 있는 예루살렘"이 등장합니다. 그러면서 이 천상 예루살렘이 바로 "우리 어머니"라고 선언합니다(갈 4:26).

바울은 이 "위에 있는 예루살렘" 개념을 어디에서 가지고 온 것일까요? 그 답은 그가 바로 이어 27절에서 인용하고 있는 이사야 54:1에 나타납니다. "잉태하지 못한 자여 즐거워하라 산고를 모르는 자여 소리 질러 외치라 이는 홀로 사는 자의 자녀가 남편 있는 자의 자녀보다 많음이라." 여기에 나오는 "잉태하지 못한 자"는 다름 아닌 시온 곧 예루살렘을 가리킵니다. 이사야 54:1은 이사야 52장부터 이어지는 시온 노래의 한 부분입니다. 이사야 52:13부터 53장 사이에는 우리가 잘 아는 여호와의 종의 노래가 나타납니다. 그리고 이어서 잉태하지 못한 시온을 향하여 즐거워하라고 권하는 것입니다. 왜 시온이 지금까지 잉태하지 못하고 있었습니까? 그 남편이신 하나님께 잠시간 버림을 받았기 때문입니다. 그러나 이제는 그 남편이 돌아오십니다. 그래서 이사야 54:2에는 "네 장막터를 넓히라."고 명하고 있습니다. 과거 한국의 많은 목사님들은 이 구절을 교회당 확장을 하거나 새로 건축을 하려 할 때 즐겨 사용해 왔습니다. 매우 잘못된 적용입니다. 왜 장막터를 넓혀야 하는 것일까요? 남편이 돌아오시기 때문입니다. 버림받은 아내 시온은 혼자서 자녀를 생산하지 못합니다. 그러나 그 남편이 돌아오시면 상황이 달라집니다. 많은 자녀를 가질 수 있게 됩니다. 시온의 회복을 은유적으로 노래하고 있는 것입니다. 이 일은 고난당하신 여호와의 종 예수 그리스도 안에서 영적 차원으로 성취되었습니다.

사라와 시온(예루살렘)의 연결은 또 다른 종류의 유비적 연결점에 근거를 두고 있습니다. 곧 둘 사이의 공통점인 "잉태하지 못한 자"가 그것입니다. 사라는 불임의 여자였고, 예루살렘도 불임의 여자였습니다. 불임의 여자 사라에게서 약속의 아들 이삭이 난 것처럼, 하나님은 불임의 여자 예루살렘에게 많은 자녀를 약속하십니다. 따라서 우리가 하갈이 아니라 사라의 계보에 속한다면 마찬가지로 우리는 예루살렘의 계보에 속하는 것입니다. 이때의 예루살렘은 지상의 예루살렘이 아닌 천상 차원의 예루살렘을 말합니다. 그래서 바울은 이 예루살렘을 "우리 어머니"라 부르는 것입니다.

이런 유비적 연결을 통하여 바울은 1세기 갈라디아 지역 교회들이 직면한 현실적인 문제에 대한 성경적 해결의 길을 제시하고 있습니다. 한 면에서는 창세기 기록과 1세기 갈라디아 교회의 유비적 연결을 통해서입니다. 또 다른 한 면에서는 "잉태하지 못한 자"인 사라와 이사야 선지자가 말하는 "과부" 예루살렘의 유비적 연결을 통해서입니다. 이런 방식으로 사라와 예루살렘이 연결되어서 그리스도의 교회가 이 계보를 잇는 약속의 자녀라는 것을 입증하고 있습니다. 신약 교회는 천상 예루살렘에 속한 약속의 자녀들이며 자유의 사람들입니다. 바울은 갈라디아 지역 교회들이 이런 정체성을 회복하기를 요청하고 있는 것입니다. 우리 또한 마찬가지입니다. 우리가 이런 관점에서 우리 자신을 보게 될 때, 우리는 이사야 53:1이 말하는 것처럼 즐거워하며 기뻐 외치지 않을 수 없습니다.

앞서 포이트레스가 소개한 과부의 경우는 자신의 상실의 경험을 통하여 하나님을 위로의 하나님으로 더 깊이 만날 수 있었을 것입니다. 그러나 우리의 경우는 그 즐거움이 단순히 개인적인 위로 차원에 그치지 않습니다. 우리가 하늘 예루살렘의 일원이 되었다는 사실이 알고 보면 우리에게 가장 큰 즐거움입니다. 그런 눈으로 나 자신을 바라보고 또한 그리스도의 몸의 다른 지체들을 바라본다는 것이 우리에게는 말할 수 없이 큰 즐거움입니다. 바울이 보여 준 유비적 연결을 통하여 우리는 이 새로운 차원의 위로와 즐거움을 누리게 됩니다.

: 히브리서가 보여 주는 유비적 연결(히 13:5-6)

앞서 살펴본 갈라디아서 4장의 본문이 유비적 연결을 통하여 우리의 영적 정체성이 무엇인지를 보여 준다면, 또 어떤 본문들은 성경과의 구체적 상황의 유비를 통해 우리의 실천적 행위가 어떠해야 하는지 보여 주기도 합니다. 예를 들어 히브리서 13:2은 "손님 대접하기를 잊지 말라 이로써 부지중에 천사들을 대접한 이들이 있었느니라."고 말합니다. 손님 접대를 통해 "부지중에 천사들을 대접한 이들"은 다름 아닌 창세기 18:1-21에 나오는 아브라함과 사라입니다. 아브라함과 사라의 경험 속에 일어났던 일을 1세기의 손님 접대 상황에 연결시킴으로써 성도들이 환대의 삶을 실천할 것을 권면하고 있는 것입니다.

이런 방식의 유비적 연결은 히브리서 13:5-6에도 그대로 이어집니다. "돈을 사랑하지 말고 있는 바를 족한 줄로 알라. 그가 친히 말씀하시기를 내가 결코 너희를 버리지 아니하고 너희를 떠나지 아니하리라 하셨느니라. 그러므로 우리가 담대히 말하되 주는 나를 돕는 이시니 내가 무서워하지 아니하겠노라 사람이 내게 어찌하리요 하노라." 여기서 히브리서가 권면하고자 하는 것은 그리스도인의 지족의 삶입니다. 이를 위해서 히브리서 기자는 먼저 하나님의 약속 말씀 하나를 인용합니다. "내가 결코 너희를 버리지 아니하고 너희를 떠나지 아니하리라."는 말씀인데, 이는 창세기 28:15, 신명기 31:6, 8절, 여호수아 1:5 등에 나타납니다.

히브리서 기자는 하나님의 약속 말씀에 대한 응답의 차원에서 또 다른 구약 말씀 한 구절을 더 인용합니다. "주는 나를 돕는 이시니 내가 무서워하지 아니하겠노라 사람이 내게 어찌하리요."라는 말씀입니다. 이 말씀은 시편 118:6입니다. 구약 본문을 그대로 인용해 보면 이렇습니다. "여호와는 내 편이시라 내가 두려워하지 아니하리니 사람이 내게 어찌할까." 어구에 있어서 약간의 차이가 나타나지만, 그 차이는 히브리서 기자가 이 본문을 구약의 헬라어 번역본인 칠십인역(LXX)에서 인용하기 때문에 생긴 것입니다.

히브리서 기자는 여기서 왜 이 구절을 인용할까요? 신약 성도들의 상황과 이 시편 말씀 사이에 어떤 유비적 연결점이 있는 것일까요? 히브리서 기자는 당대 성도들이 직면하고 있는 문제, 곧 그들이 궁핍하고 가난한 상황 속에서 돈에 욕심이 생겨 신앙을 저버리는 일이 일어나지 않기를 바라고 있습니다. 그러자면 그들이 돈을 좋아하는 성향 대신 하나님을 전적으로 의뢰하면서 주신 것에 만족하고 감사하는 삶을 살아야 합니다. 신자가 가져야 할 이런 삶의 자세가 시편 118편이 이야기하는 예배자의 삶의 자세와 유비적 일치를 이루고 있습니다.

시편 118편은 유월절 예배시 중 하나입니다. 얼핏 보면 이 시가 유월절을 배경으로 한다는 것을 알아차리기 쉽지 않습니다. 시편 136편과 비교해 보면 더욱 그렇습니다. 시편 136편에서는 직접적으로 "애굽의 장자를 치신 이에게 감사하라."고 말하며, 또한 "이스라엘을 그들 중에서 인도하여 내신 이"요, "홍해를 가르신 이에게 감사하라."고 노래합니다. 그러나 시편 118편에는 이런 구체적인 언급들이 전혀 나타나지 않습니다. 그러나 우리는 그 단서를 다음과 같은 유사성 속에서 찾아볼 수 있습니다.

출 15:2(홍해 건넌 후의 모세의 노래) "내가 여호와를 찬송하리니 그는 높고 영화로우심이요 말과 그 탄 자를 바다에 던지셨음이로다. **여호와는 나의 힘이요 노래시며 나의 구원이시로다 그는 나의 하나님이시니 내가 그를 찬송할 것이요 내 아버지의 하나님이시니 내가 그를 높이리로다.**"

시 118:14 **"여호와는 나의 능력과 찬송이시요 또 나의 구원이 되셨도다."**

시 118:28 **"주는 나의 하나님이시라 내가 주께 감사하리이다 주는 나의 하나님이시라 내가 주를 높이리이다."**

우리는 이런 비교를 통해서 시편 118편이 출애굽기 15장의 모세의 노래를 기반으로 하고 있음을 알 수 있습니다. 그러므로 시편 118:27에서 "밧줄로 절기 제물을 제단 뿔에 맬지어다."라고 할 때의 절기가 다름 아닌 유월절이라는 것을 알 수 있습니다. 중요한 것은 시편 118편이 일인칭 단수 "나"의 노래로 구성되어 있다는 사실입니다. "내가 고통중에 여호와께 부르짖었"고, "뭇 나라가 나를 에워쌌으"며, "여호와께서 나를 심히 경책하"기도 하셨다고 말합니다. 이 "나"는 한 개인 신자이기도 하지만 동시에 온 이스라엘 예배자를 대표하는 "나"이기도 합니다. 이 예배자는 이스라엘의 출애굽 사건 속에서 경험하였던 하나님의 구원의 손길과 자신의 다양한 현실적 곤궁의 상황을 유비적으로 연결시키고 있습니다. 이스라엘의 집단적 구원의 경험은 "나"의 구원의 경험이 되고 있습니다. 과거 출애굽의 사건을 노래한 역사적 노래가 "나"의 현재의 언어로 새롭게 재구성되고 있습니다.

시편 118편 자체가 출애굽기 15장의 말씀을 먼 훗날 다윗 시대의 상황 속에 적용하여 새롭게 재구성한 노래입니다. 두 시대 사이의 구체적 상황은 서로 다르지만, 그러나 구원과 도움이 되시는 하나님의 손길은 동일합니다. 이것을 압축적으로 잘 표현하고 있는 구절이 시편 118:6입니다. "여호와는 내 편이시라 내가 두려워하지 아니하리니 사람이 내게 어찌할까." 그리고 시간이 흐른 뒤, 히브리서 기자는 옛 시대의 상황들과는 전혀 다른 새로운 상황들을 맞아 동일한 구원과 도움의 하나님을 생각하면서 이 구절을 히브리서 13:6에 인용하고 있는 것입니다. 각 시대마다 하나님의 백성이 맞이했던 상황은 다 다릅니다. 모세의 홍해의 위기, 다윗 시대의 벌 떼 같은 원수들이 "나"를 에워싸는 상황, 1세기 히브리서 수신 공동체가 맞이했던 핍박과 궁핍 등 상황은 모두 다 다르지만 그들이 경험하는 하나님은 동일합니다. 하나님은 자기 백성의 도움이 되시고 항상 그들의 편에 서는 분이십니다.

이 말씀이 오늘 우리가 당한 구체적 상황들 속에서는 어떻게 적용될 수 있을까요? 우리가 당하는 상황들과 성경이 묘사하는 상황들 속에 유비적 연결점이 있어야 하는 것일까요? 그럴 수도 있고 그렇지 않을 수도 있습니다. 시편 118:13과 같이 "너는 나를 밀쳐 넘어뜨리려 하였"다는 것과 같은 상황을 실제로 겪어본 사람이라면 이 시편과의 유비적 연결점이 더 강하게 형성될 것입니다. 그러나 이 상황에 포함될 수 있는 경험의 폭은 매우 넓습니다. 거절과 배척의 경험, 모함과 배신의 경험 이런 것들이 다 여기에 포함될 수 있습니다. 그런데 우리의 경험들 속에 나타나는 유비적 연결점보다 더 중요한 연결점 하나가 있습니다. 그것은 이런 모든 상황을 역전시켜 자신의 뜻을 이루시는 "내편" 또는 "나의 도움"이 되시는 하나님의 역사입니다. 이 역사는 "건축자가 버린 돌이 집 모퉁이의 머릿돌이 되"게 하시는(시 118:22-23) 그분의 역전 행위 속에 가장 두드러지게 나타났습니다. 이 유명한 구절은 예수 그리스도 외에는 달리 온전히 적용될 곳이 없습니다(마 21:42, 눅 20:17, 행 4:11-12, 벧전 2:7). 우리는 예수 그리스도의 십자가와 부활 사건 속에서 우리 삶의 모든 상황을 관통하는 하나의 총체적인 유비적 연결점을 찾습니다. 그 어떤 어려움이 우리 앞에 닥쳐와도, 그 어떤 대적이 우리를 위협해도, 건축자의 버린 돌을 모퉁이의 머릿돌 되게 하신 하나님이 우리의 도움이 되시는 한, 그들은 한 낱 사람일 뿐입니다. 하나님이 내 편이신데 사람이 내게 무엇을 어찌 하겠습니까? 우리는 이것을 예수님의 십자가 속에서 배웁니다. 그리고 그분이 가신 십자가의 길을 나의 길로 삼으며 주님과 하나 되는 길을 걸어갑니다.

: 하나님의 이야기를
삶으로 살아 내는 성경 해석자

하나님은 우리가 살아가면서 맞이할 모든 상황을 다 알려 주신 것은 아닙니다. 우리 앞에는 늘 새로운 상황들이 주어집니다. 우리는 그 상황들 속에서 어떻게 하나님께서 기뻐하시는 뜻을 행하며 그리스도의 제자로 살아갈 수 있을까요? 성경이 하는 것을 잘 보고 따라가면 됩니다. 성경 속에 기록된 일들과 우리가 맞이하는 상황들 사이의 유비적 연결점이 무엇인지를 잘 살피는 것이 필요합니다. 그리고 그것을 우리 삶 속에서 살아 내는 능력을 배양해 가야 합니다. 그렇게 할 때 우리는 이 세상의 다양한 삶의 무대 속에서 하나님이 연출하시는 역사의 드라마를 삶으로 연기해 내는 주연 배우가 될 수 있습니다.

케빈 밴후저(Kevin J. Vanhoozer)는 그의 책 『이해

를 말하는 믿음』에서 우리 그리스도인을 '즉흥 연기
자'(improviser)에 비유합니다. 훌륭한 즉흥 연기자는 주어
진 대사를 다 외워서 그대로 뱉어 내는 사람이 아닙니다.
예상치 못했던 새로운 상황이 주어져도 연출자가 기대하는
방식대로 그 상황을 소화해 내는 사람입니다. 밴후저는 이
와 같이 말합니다.[3]

"즉흥 연기자는 내러티브 역량을 사용할 줄 알아야 한다. 전체 스
토리를 잘 숙지하고 있으면서 새롭게 주어지는 상황들을 맞아 그
스토리를 효과적으로 발전시켜 나갈 줄 알아야 한다. 이를 잘 할
수 있는 핵심 기술 한 가지는 이전의 자료들을 재합성해 내는 능
력이다. 재합성은 이야기의 과거 요소들을 현재의 장면 속에 가
지고 들어와서 하나의 통일된 드라마를 이루어내는 것을 말한
다. … 하나님은 그리스도 안에서 과거 아브라함에게 주신 언약
을 즉흥 연기해 내셨다. 신약은 구약에 근거한 즉흥 연기라고 말
할 수 있다. 예수님의 사역은 창조적("새")이면서도 동시에 하나님
께서 앞서 이스라엘 속에 행하셨던 것에 전적으로 연결된다. 사
도 바울 역시 유사한 방식으로 복음을 소아시아와 로마의 비 유
대인 청중들 속에 '즉흥 연기'해 내었다. 훌륭한 즉흥 연기자는 동
일한 행위를 새로운 상황들 속에서 어떻게 이어가야 할지를 잘 안
다. 이것이 바로 그리스도의 제자들인 우리가 해야 할 일이다. 우
리는 우리 자신의 삶의 이야기를 그리스도의 삶의 이야기에 재합
성해야 한다. 그리하여 새로운 문화적 상황 속에서 새롭고 창조적
인 방식으로, 그러면서도 앞서 이루어졌던 '그의 이야기'에 전적으

로 충실하게 그 이야기를 연기해 내어야 한다."

우리는 앞서 시편 118편 속에서 과거 모세 시대의 구원 이야기가 다윗 시대의 "나"의 이야기로 재합성되어 이어지는 것을 보았습니다. 또 다시 이 구약의 구원 이야기는 히브리서 13:5-6에서 신약 시대 성도들의 삶 속에 그리스도를 통하여 재합성되고 또한 드러나는 것을 보았습니다. 우리는 이 이야기를 이 시대 우리의 삶 속에 새롭게 이어 가야 합니다. 비록 1세기 상황과는 다른 21세기의 새로운 상황들을 우리 앞에 두고 있지만, 우리가 살아 내야 할 이야기는 여전히 "그의 이야기"입니다.

3장.

그리스도인의 정체성과
사회적 책임에 대한 묵상

───────────────

삶에서 은혜 받는 성경 해석 · 1

이런 책임과 사명을
잘 감당하며 살아 왔는지
우리 자신을 돌아보아야 합니다.

얼마 전 조카 하나가 중학교에 들어갔는데, 그 아이가 반에서 '왕따' 취급을 당한다는 이야기를 듣고 아주 놀랐습니다. 키도 크고 말쑥하게 잘생긴 아이인데 왜 그런 대접을 받는지 이해가 되지 않았습니다. 그런데 이유는 매우 단순했습니다. 안 하는 것 두 가지와 하는 것 한 가지 때문이랍니다. 그 친구는 게임을 하지 않고, 또 욕을 하지 않습니다. 대신 교회를 다닙니다. 요즘은 중학생들 사이에서도 교회 다니는 일이 조롱거리 중 하나가 된다고 합니다.

그러나 우리는 이것을 이상하게 생각할 필요는 없습니다. 예수 믿는 사람은 처음부터 조롱을 귀에 달고 살았던 사람들입니다. 존 스토트(J. R. W. Stott)는 로마의 팔라틴 언덕에 있는 한 집에서 발견된 낙서 하나를 소개합니다. 그것은

2세기 것으로 추정되는 벽에 그려진 낙서입니다. 거기에는 당나귀 머리를 가진 한 사람이 십자가에 달린 모습을 그려 놓았습니다. 그리고 어떤 사람이 한 손을 들고 경배의 표시를 합니다. 그 옆에는 이런 글이 적혀 있습니다. "알렉사메노스는 신을 경배한다"(ALEXAMENO CEBETE THEON). 그리스도인을 당나귀 숭배자로 조롱하고 있는 것입니다. 그리스도인은 그 시대에도 이미 '왕따' 당하는 사람의 대명사였습니다. 이 시대에도 우리는 이것을 각오해야 합니다. 중요한 것은 사람들이 우리를 어떻게 보는가 하는 것이 아닙니다. 하나님께서 우리를 어떻게 보시는가, 이것이 가장 중요합니다. 그리스도인의 정체성이 바로 여기에서부터 시작되기 때문입니다.

: 그리스도인의 정체성,
하나님께서 보실 때 우리는 누구인가?

이 문제와 관련하여 에베소서 1:15-23 본문을 읽고 함께 묵상해 보고자 합니다. 이 본문은 바울이 에베소 성도들로 인해 하나님께 감사하면서 그들을 위해 기도하는 내용을 담고 있습니다. 그런데 이 기도문의 우리말 번역에는 크고 작은 문제점이 많습니다. 당연히 묵상에도 그런 것들이 영향을 미칠 수밖에 없습니다. 크게 세 가지 정도의 잘못을 지적하고, 그것이 우리의 묵상에 미치는 두 가지 영향에 초점을 맞추어 보고자 합니다. 하나는 우리 그리스도인의 정체성 이해와 관련된 부분이고, 또 하나는 세상을 향한 우리의 책임과 관련된 부분입니다.

바울의 기도가 본격적으로 시작되는 부분에서 그는 "우리 주 예수 그리스도의 하나님, 영광의 아버지께서 지혜와 계시의 영을 너희에게 주사 하나님을 알게 하시고"(17절)라고 기도합니다. 이 번역대로 하면 "하나님을 알게 하시고"가 바울의 기도 제목이 되는 셈인데, 실제로는 그렇지 않습니다. 이것이 우리 번역의 첫 번째 잘못입니다. 바울이 간구하는 것은 하나님께서 "지혜와 계시의 영"을 너희에게 주십사 하는 것입니다. 이것이 주된 간구입니다. "하나님을 알게 하시고" 부분은 별도의 간구가 아니라 '그를 앎의 범주 안에서' 또는 '그를 앎과 관련하여'라는 전치사구입니다. 이는 바울이 주시기를 간구하고 있는 "지혜와 계시의 영"의 활동 영역 또는 결과와 연관된 문구입니다.

그렇다면 "지혜와 계시의 영"은 무엇을 가리키는 것일까요? 이것이 우리 그리스도인 속에 내재하고 있는 인간의 영을 말하는 것일까요, 아니면 바깥으로부터 오셔서 우리 안에 내주하시는 성령님을 가리키는 것일까요? 바울은 우리 자신의 영이 각성되기를 기도하는 것일까요? 아니면 성령님께서 오셔서 우리가 뭔가를 잘 이해하도록 도와주시기를 기도하는 것일까요? 결정하기가 쉽지 않은 문제이지만,

이를 인간의 영보다는 하나님의 영으로 보는 것이 더 낫다고 봅니다. 왜냐하면 하나님의 일과 관련하여 우리를 더 잘 일깨워 주시는 분은 "하나님의 깊은 것까지도 통달"하시는 (고전 2:10) 성령님이시기 때문입니다.

바울은 하나님께서 성도들에게 성령을 주십사 기도하는 것에 이어서 그들의 마음의 눈을 밝혀 주십사 하고 기도합니다. 그렇게 되면 우리가 하나님께서 자기 백성을 위하여 예비하신 것들을 더 뚜렷하게 잘 볼 수 있습니다. 바울은 우리가 더 확실히 알아야 할 것 세 가지를 언급하고 있습니다. 첫째는 "그의 부르심의 소망이 무엇"인지를 잘 알아야 한다는 것입니다. 하나님은 매우 특별한 목적을 가지고 우리를 부르십니다. 데살로니가전서 2:12에서 바울은 "너희를 부르사 자기 나라와 영광에 이르게 하시는 하나님"을 이야기하고 있습니다. 하나님은 우리가 그의 나라를 상속하기를 원하십니다. 이것이 그가 우리를 부르신 목적입니다. 이 부르심의 목적을 더 잘 알면 알수록 우리는 그 소망에 온전히 매이고 이끌리는 삶을 살 수 있게 됩니다.

두 번째로 우리가 더 잘 알아야 할 것은 "성도 안에서 그 기업의 영광의 풍성함이 무엇"인가 하는 것입니다. "그 기업"이라고 할 때 "그"는 관사가 아니라 '그의'라는 3인칭 인칭 대명사입니다. 곧 '하나님의 기업'을 이야기합니다. 에베소서 1:14에서는 "우리 기업"을 이야기합니다. 곧 우리가 상속하고 누릴 우리의 기업을 이야기하고 있습니다. 성령님은 이 '우리의 기업'이 확실하다는 것을 보증해 주는 첫 지불금("보증")으로 우리에게 주어졌습니다. 그런데 18절에서는 '우리의 기업'이 아니라 '그의 기업' 곧 하나님의 기업을 이야기합니다. 그리고 그 하나님의 기업은 "성도 안에" 있다고 이야기합니다. 이는 곧 성도들이 하나님의 존귀하고 보배로운 기업이라는 것을 말합니다. 하나님께서는 땅 위의 성도들이 그의 가장 보배로운 소유입니다. 우리는 하나님께서 예수 그리스도의 피로 값 주고 사신 존귀한 하나님의 자녀입니다. 그러므로 하나님의 유일한 기쁨이 우리에게 있습니다. 하나님께서는 그리스도 안에 있는 우리 성도들 외에 다른 즐거움이 없습니다. 우리는 성령님의 도우심을 통해 이 사실을 확실히 보고 알아야 합니다. 이 하나님의 시각을 우리 정체성의 전부로 삼아야 합니다.

그리고 세 번째로 "그의 힘의 위력으로 역사하심을 따라 믿는 우리에게 베푸신 능력의 지극히 크심이 어떠한 것"을 알아야 합니다. 이 부분은 우리말 번역상의 두 번째 큰 잘못이 나타나는 부분입니다. 이 번역대로 읽고 묵상하게 되면 우리는 지극히 큰 능력이, 믿는 우리에게 베풀어졌다는 방식으로 묵상을 발전시키게 됩니다. '내게 큰 능력이 베풀어졌으니까 내가 그 능력을 잘 발휘하면서 살아야 되겠구나!' '어떻게 하면 그 능력을 잘 발휘할 수 있을까?' '내게 주어진 능력이 도대체 무엇일까?' 우리의 관심은 자꾸 이런 것을 찾아서 헤매게 됩니다. 안타깝게도 우리말 번역은 '능력' 앞에 들어가야 할 3인칭 대명사 '그의'를 빠트려 버렸습니다. 바울은 지금 우리에게 주어진 능력을 이야기하는 것이 아니라 '하나님의 능력'을 이야기하고 있습니다. 그 '하나님의 능력'은 "그의 힘의 위력으로 역사하심을 따라" 실현되고 경험됩니다. 바울은 여기서 능력과 관련된 헬라어 단어 네 가지를 총동원합니다. 힘(이스퀴스)은 건강이나 기운의 강건함을 나타냅니다. 위력(크라토스)은 통제와 통치하는 힘을 가리킵니다. 역사(에네르게이아)는 잠재적인 것을 현실화시키는 힘을 가리킵니다. 그리고 능력(뒤나미스)은 잠재된 총체적인 힘을 가리키는 단어입니다. 우리는 하나님의 잠재적, 총체적 능력이 어떤 것인지를 그 힘과 위력의 실현(역사) 속에서 잘 볼 수 있습니다. 불도저의 잠재적 능력이 그 엔진이 강한 힘으로 작동을 개시할 때 잘 드러나는 것과 같습니다. 하나님의 능력은 그가 그리스도를 죽은 자 가운데서 일으키실 때 실현(역사)되었습니다. 그의 능력이 죄와 사망의 권세를 깨뜨린 것입니다. 우리는 이런 막강한 하나님의 능력이 바로, 믿는 우리를 위한 것임을 알아야 합니다. 그의 능력으로 말미암아 우리는 "그가 만드신 바"(엡 2:10)가 되었습니다. 우리는 하나님의 막강 능력의 창조물이요 걸작품입니다. 이 능력이 지금도 우리를 살게 하고 일하게 하며 또한 세상 속에서 힘 있게 합니다. 우리가 어디에서 무엇을 하든지 이 하나님의 능력이 우리와 함께함을 잊지 말아야 합니다.

바로 이런 관점입니다. 하나님께서 우리를 어떻게 보시느냐 하는 것입니다. 우리가 하나님께 누구인가? 성도의 정체성이 만들어지는 것은 바로 이 관점에서입니다. 하나님께서 우리를 보시는 그대로 우리가 우리 자신을 바라보는 것이 성도의 정체성입니다. 이 정체성이 뚜렷하면 할수록 우리는 세상의 시각에서 더 자유롭게 됩니다. 사람들이 우리를 무엇이라 평가하든 우리는 거기에 휘둘릴 필요가 없습니다. 물론 우리는 우리의 선한 행실을 통해 사람들에게 칭찬을 받고 "하나님께 영광을 돌리게"(벧전 2:12) 해야 합니다. 그러나 세상이 우리가 진정 누구인지를 알지 못하기 때문에 사람들의 무지 속에서 우리를 욕하고 비방하더라도, 우리는 두려워할 필요가 없습니다. 우리는 하나님의 시각에서 비롯되는 우리의 영광스러운 정체성을 더 잘 간직하고 그것을 드러내며 살면 됩니다. 그것이 적대적인 이 세상 속에서 우리 그리스도인이 취해야 할 정도(正道)입니다.

: 그리스도인의 사회적 책임,
   세상과의 관계에서 우리는 누구인가?

앞에서 바울이 이야기한 하나님의 능력은 결코 하나의 추상 개념이 아닙니다. 하나님은 그의 막강한 능력을 그리스도를 죽은 자 가운데서 일으키신 일과 그를 하늘에서 자기의 오른편에 앉히신 일로 명백히 보여 주셨습니다. 그리스도의 부활은 하나님의 능력의 시연입니다. 우리는 그리스도의 부활 안에서 하나님의 능력을 실제로 경험합니다. 그것은 우리가 새 사람으로 전환되는 것과 때려야 뗄 수 없는 관계를 가집니다. 하나님의 능력은 그리스도를 죽은 자 가운데서 다시 일으킨 일에서 뿐만 아니라, "허물과 죄로 죽었던"(엡 2:1) 우리를 살리신 일에서도 실현되었기 때문입니다.

그런데 바울은 이 일이 가지는 우주적 의미 한 가지를 더 언급합니다. 곧 부활하고 승귀하신 그리스도와 관련하여 "만물을 그의 발 아래에 복종하게 하시고 그를 만물 위에 교회의 머리로 삼으셨"다는 진술(22절)이 그것입니다. 이 구절은 우리말 성경의 세 번째 번역상의 잘못을 지적해야 할 본문입니다. 높이 되신 그리스도의 발 아래 만물을 복종하게 하셨다는 것은 시편 8:6의 시어를 통하여 그리스도의 마지막 아담 되심을 나타내는 기독론적 표현입니다

(참고, 히 2:8). 여기에 이어서 바울은 "그를 만물 위에 교회의 머리로 삼으셨"다고 말하는데, 이 문구는 좀 더 정확하게 번역할 필요가 있습니다. 바울은 여기서 그리스도를 교회의 머리라고 말하지 않습니다. 골로새서 1:18은 "그는 몸인 교회의 머리시라."라고 하여 명백하게 교회의 머리라는 표현을 사용합니다. 그러나 여기에서는 그리스도를 '만물 위의 머리'라고 지칭합니다. 그리스도를 만물 위의 머리로 교회에게(또는 교회를 위하여) 주셨다(또는 세우셨다)는 것입니다. 영어 성경 NIV는 그 어감을 잘 살려 이 구절을 이렇게 번역하고 있습니다. "And God … appointed him to be head over everything for the church." 그리스도의 머리 되심은 일차적으로 만물과 연결됩니다. 정리하면, 말할 것도 없이 예수님은 교회의 머리가 되시는 분입니다. 그러나 거기에 그치지 않습니다. 그분은 또한 만물 위의 머리가 되시는 분입니다.

이 진술이 우리의 묵상에 미치는 영향은 매우 큽니다. 우리의 묵상은 나의 머리 되시고 교회의 머리 되신 그리스도에게서 그칠 수 없습니다. '어떻게 하면 우리는 만물 위의 머리가 되신 그리스도를 높이는 일에 관여할 수 있을까?' 이것이 우리의 관심이 되어야 합니다. 물론 세상은 만물 위의 머리가 되신 그리스도의 주권을 인정할 마음이 없습니다. "만물로 그에게 복종하게 하셨은즉 복종하지 않은 것이 하나도 없어야 하겠으나 지금 우리가 만물이 아직 그에게 복종하고 있는 것을 보지 못하고"(히 2:8) 있습니다. 하나님께서 성도들에게는 성령을 통하여 그리스도 안에서 그가 행하신 일을 알고 깨닫는 은혜를 주셨지만, 아직 세상은 이 일을 다 알지 못합니다. 그러므로 일차적으로 우리에게는 이 일을 선포해야 할 책임이 있습니다. 온 세상과 만물이 다 그 주 되신 그리스도를 알고 인정하는 자리에 나아올 때까지 우리는 그리스도의 주 되심을 힘써 선포해야 합니다.

그러나 우리의 책임은 여기에서 그치지 않습니다. 교회는 만물의 머리가 되시는 그리스도 안에서, 그리고 그리스도 때문에 이 세상 만물에 대해서도 책임 의식을 가져야 하고, 책임을 지는 자리에 서야만 합니다. 우리가 그리스도를 교회의 머리로 고백하면, 그의 몸인 교회로서 그리스도에 대하여 어떻게 합당한 자리에 서야 할 것인지를 반드시 날마다 묵상해야 할 것입니다. 그런데 만일 우리가 그리스도를 만물 위의 머리로 고백한다면, 우리의 묵상은 이 세상 만물에 대하여 우리가 어떻게 그리스도를 높이는 사명을 감당해야 할 것인지를 포함하지 않을 수 없습니다.

우리가 성경의 이런 요소를 잘 모를 때는 이 세상과 멀어지는 것이 더 좋은 그리스도인인 것처럼 생각해 왔습니다. "죄 많은 이 세상은 내 집 아니네, 내 모든 보화는 저

천국에 있네!" 우리가 자주 불렀던 노래입니다. 이런 노래처럼 이 세상 떠나서 속히 저 천국 가기를 바라는 신앙이 좋은 신앙인 것처럼 생각했던 것이지요. 이 세상은 관심 둘 것도 없고, 또 고치기 위해 노력할 필요도 없는 대상처럼 생각했습니다. 그러나 성경을 바르게 읽고 묵상하면, 이것이 결코 좋은 신앙이 아니라는 것을 발견하게 됩니다. 삼위 하나님은 이 세상의 창조자요, 주인이며, 운영자이십니다. 예수 그리스도는 교회의 머리일 뿐 아니라 만물 위의 머리가 되시는 분입니다. 따라서 그리스도의 몸이요 하나님의 백성인 우리는 이 세상에 대하여 책임을 가질 수밖에 없습니다. 우리가 그 책임을 저버리면 이 세상은 더 나쁜 방향으로 흘러가게 될 것입니다. 하나님의 창조 목적과는 상관없는 방향으로 이 세상은 불순종의 길을 계속 걸을 것이며, 만물은 더 깊이 신음하며 탄식하게 될 것입니다.

우리는 벌써 그런 조짐들을 생생히 경험하고 있습니다. 여름마다 겪는 불볕더위가 그렇습니다. 단순한 이상 기후가 아니라 새로운 정상(뉴 노멀)으로 자리를 잡아갈 것이라는 예상입니다. 지구 온난화 문제가 늘 멀리 있는 일처럼 느껴졌지만, 엄청난 더위를 겪을수록 그 문제를 더 잘 알게 됩니다. 또 반대로 겨울에는 못 견딜 만큼 추운 날씨가 교차할 것입니다. 이는 북극의 얼음이 급속히 녹고 있기 때문에 생기는 현상입니다. 영영 녹지 않을 것이라 생각했던 영구

동토층까지 녹기 시작했고, 이것이 다 녹는 것은 우리 생각보다 빠를 것으로 예상합니다. 그렇게 북극 동장군이 힘을 잃어버림에 따라 기후의 균형이 깨어져서 여름이면 뜨거운 기운이, 겨울이면 혹한의 기운이 한반도를 점령하게 될 것입니다.

이런 현상을 빚어내는 온실가스 배출 문제가 이제는 감축이나 억제를 통해 통제할 수 있는 범주를 이미 넘어섰다고 전문가들은 이야기합니다. 그럼에도 불구하고 미국이나 중국과 같은 큰 나라들은 이런 문제에 책임을 지고 싶어 하지 않습니다. 미국에 호소할 수도 없고 중국에 호소할 수도 없습니다. 미국이든 중국이든 한국이든 온 세계에 흩어져 있는 그리스도인들에게 호소할 수밖에 없습니다. 그리스도인들부터 시작해야 합니다. 왜냐하면 나의 주님 예수 그리스도께서 만물 위의 머리이시기 때문입니다. 세상은 이런 문제에 대해 깊이 있는 책임 의식을 느끼지 못할 것입니다. 그럴 이유나 근거가 없기 때문입니다. 당장 플라스틱 컵 하나, 빨대 하나 쓰지 말도록 하자는 캠페인을 벌이고 있지만, 쉽지가 않습니다. 자신의 작은 불편 하나 감수하려 하지 않기 때문입니다. 남이 한다면 좋습니다. 그러나 나는 별로 앞장서서 하고 싶은 마음이 없습니다. 이것이 대부분 사람들의 심리입니다. 그러나 우리 그리스도인은 나부터 불편을 감수하는 데 앞장서야 합니다. 나부터 좀 덜 쓰고, 좀 불편해도 참고, 고통을 분담하는 자세로 살아가야 합니다. 왜냐하면 만물 위의 머리 되신 예수 그리스도께서 나의 주님이시기 때문입니다.

이런 문제에 대하여 대부분의 사람들은 이렇게 생각합니다. '내가 안 쓰고 줄인다 해도 남들은 다 그대로 할 거야.' 맞습니다. 그러나 우리 그리스도인들은 사람 보고 살면 안 되고 주님 보고 살아야 합니다. 주님께서 만물 위의 머리이신 것이, 남이 안 해도 나부터 먼저 해야 할 이유입니다. 우리는 또 이렇게도 생각합니다. '내가 작은 일 하나 하고 안 하고가 무슨 큰 변화를 불러온다는 말인가?' '어차피 눈에 띄지도 않는 이런 사소한 일에 신경 쓸 필요가 무엇인가?' 맞습니다. 나의 작은 일 하나로 무슨 큰 변화를 기대하기는 어렵습니다. 내가 차를 좀 덜 탄다고 해서 이미 녹기 시작한 북극의 얼음을 다시 얼리기는 불가능할지 모릅니다. 이미 우리는 임계점을 지난 상태에 있는지도 모릅니다. 그래서 사람들은 마지막까지 나만 괜찮으면 돼, 그러면서 지금처럼 마구 먹고 쓰면서 살아갈 것입니다. 우리는 풍요에 너무 익숙해져 버렸습니다. 너무 많은 것을 먹고 쓰며, 또한 과잉 배출하고 있습니다. 그러나 이것 때문에 누군가가 죽었을 수도 있고, 누군가가 고통을 당했을 수도 있습니다. 회개가 필요합니다. 사회적 회개입니다. 풍요가 당연하다고 생각했던 죄에 대한 회개입니다. 이것 때문에 일어났을 누군가의 아픔에 대해 의식하지 못했던 죄에 대한 회개입니다. 여기에 대해 나부터 책임을 느껴야 합니다. 왜냐하면 나의 주님이 온 만물 위의 머리가 되시는 분이기 때문입니다. 남은 안 해도 나부터 시작해야 합니다. 나 하나라도 실천해야 합니다. 나 하나라도 조금 덜 쓰고, 조금이라도 덜 버리는 삶을 살아야 합니다. 만물 위의 머리가 되신 주님 때문에 우리는 만물의 아픔, 이웃의 아픔에 대해 책임을 느끼지 않을 수 없습니다. 만물의 회복과 통일을 위한 주님의 관심이 나의 관심이 되어야 합니다.

: 지금은 사회적 회개가 필요한 때입니다!

그리스도를 만물 위의 머리로 지칭하는 에베소서 1:22의 말씀은 우리에게 많은 것을 생각하게 만듭니다. 일차적으로는 우리말 성경이 이것을 잘 살리지 못하고 있는 것에 대해 안타까움을 느낍니다. 그래서 항상 그리스도를 교회의 머리로만 생각하고 교회 안에서만 잘 살면 좋은 그리스도인이 되는 것처럼 생각했던 것을 회개해야 합니다. 우리는 그리스도께서 교회를 넘어 만물 위의 머리로 세우심을 받았다는 것을 새롭게 자각하지 않으면 안 됩니다. 그리고 그리스도 때문에 우리는 나부터 만물에 대한 책임을 감당해야 합니다.

우리의 신앙이 너무 내면화되어 있지는 않은지요? 계속해서 자기 자신 하나만 붙들고 자기와의 씨름에만 몰두하고 있지는 않은지요? 우리는 눈을 좀 더 넓게 떠야 합니다. 우리의 주님이 만물 위의 머리가 되시기 때문입니다. 우리는 모든 만물과 온 세상을 향한 주님의 관심을 나타내고 실현하는 그리스도의 몸입니다. 주님의 손이 되고 그의 발이 되어 그가 하기를 원하시는 그 일을 하기 위해 우리가 이 세상 속에 존재하는 것입니다. 그것이 교회가 그리스도의 몸이라고 말하는 것의 의미입니다. 그런 점에서 교회는 만물 안에서 일하시고 만물을 채우시는 그리스도를 채우는 그리스도의 충만입니다.

주님의 교회인 우리가 이런 책임과 사명을 잘 감당하며 살아왔는지 우리 자신을 돌아보아야 합니다. 책임 의식을 잃어버린 삶 때문에 아파하고 고통당하며 신음하는 우리의 이웃과 만물의 부르짖음에 귀 닫고 살아왔던 지금까지의 삶을 회개해야 합니다. 이것이 사회적 회개입니다. 이 회개를 통해 교회는 다시 한번 그리스도와 함께 온 세상의 중심에 설 수 있습니다. 주님 자신이 온 세상의 중심이시기 때문에 그의 몸인 교회는 그리스도와 함께 온 세상의 중심에 마땅히 서야만 합니다. 그러나 교회가 스스로 그 사명에 눈을 감았습니다. 교회는 세상과 분리되는 것이 좋은 길인 것처럼 생각해 왔습니다. 그런 중에도 그리스도께서는 이 세상 만물 위의 머리시기를 멈춘 적이 없습니다. 세상은 교회가 중심을 잡아 주기를 원하고 있습니다.

영국으로 유학을 떠났던 1994년 봄에 유서 깊은 도시 코번트리(Coventry)를 방문할 기회가 있었습니다. 그곳에는 14세기에 지어진 아름다운 교회당 하나가 있습니다. 그런데 이 교회당이 1940년 제2차 세계 대전의 공중 포격으로 인해 뼈대만 남고 거의 다 허물어지고 말았습니다. 전후에 이 교회당을 새로 건축하지 않고 그대로 남겨 두었습니다. 대신 바로 옆에다가 현대식 교회당을 지었습니다. 예술미가 차고 넘치는 건물입니다. 그러나 현대식 교회당과 비교할 수 없을 정도로 인상적인 것을 옛 교회당에서 발견할 수 있었습니다. 그 교회당 안에는 옛날 기술자들의 길드가 중심이 된 작은 채플들이 양쪽 벽을 따라 나란히 배치가 되어 있었습니다. 이런 구조를 가지게 된 이유는 하나님 앞에 예배를 드리는 것과 자신들이 일터에서 전문 직업인으로 살아가는 것이 별개가 아니라는 것을 표현하기 위해서입니다. 그 각각의 길드 채플들 앞에는 다음과 같은 문구들이 새겨져 있습니다.[1]

공업에서는,

하나님께서 나의 손과 나의 제조 과정에 계시옵소서.

예술에서는,

하나님께서 나의 감각과 나의 작품 안에 계시옵소서.

가정에서는,

하나님께서 나의 마음과 나의 사랑 안에 계시옵소서.

상업에서는,

하나님께서 나의 책상과 나의 거래 안에 계시옵소서.

치료에서는,

하나님께서 나의 기술과 나의 솜씨 안에 계시옵소서.

정부에서는,

하나님께서 나의 계획과 나의 결정 안에 계시옵소서.

교육에서는,

하나님께서 나의 지성과 나의 성장 안에 계시옵소서.

오락에서는,

하나님께서 나의 손발과 나의 여가 안에 계시옵소서.

오늘 우리 그리스도인들이 이 세상을 살아가는 바른 사명 의식과 책임 의식을 회복하지 않으면 교회는 점점 세상으로부터 외면을 당하게 될 것입니다. 반면 교회가 만물 위의 머리 되신 예수 그리스도와의 관계 속에서 이 세상을 향한 책임 의식을 깊이 자각하면서, 사람들을 보고서가 아니라 주님 그분 때문에 나부터 먼저 책임 있는 삶을 산다면 세상은 다시 한번 교회를 주목할 것입니다. 왜냐하면 그리스도께서 만물의 머리이시므로 세상은 그 머리를 찾지 않을 수 없기 때문입니다. 물론 그것을 인정하기까지는 시간이 걸리겠지만, 세상은 머리 없는 자신에 대해 늘 공허함을 느낄 수밖에 없습니다. 교회가 그리스도께서 만유의 주되심을 입으로 선포할 뿐만 아니라, 솔선하는 책임의 삶과, 이웃의 아픔을 짊어지는 자세와, 만물의 신음에 함께 아파하고 그 회복을 위해 힘쓰는 실천을 통해 이 시대에 짓밟힌 주님의 영광을 회복하고 다시 한번 그 영광을 드높이는데 앞장서기를 바랍니다.

4장.

본문 석의와
석의상의 오류들

오직 성경에 대한 성실하고 존중 어린
석의만이 이런 타락을 막을 수 있습니다.

몇 년 전 미국에 강의를 하러 갔을 때 시애틀대학교(Seattle University)를 방문했던 적이 있습니다. 로마 가톨릭 예수회 배경을 가진 학교인데, 무엇보다 채플이 참 인상적이었습니다. 예술적 아름다움과 외향적 경건미를 잘 배합시켜 참 좋은 건축 디자인을 해 놓았다는 느낌이 들었습니다. 창문 하나도 예사로 만들지 않았고, 강대상도 단순하지만 눈길을 끌었습니다. 벽면 곳곳에는 신앙선조들의 글귀를 새겨 놓아서 묵상 자료가 되도록 해 두었습니다. 그중에서도 눈길을 끌었던 글귀 하나를 소개하려합니다.

"I am God's wheat ground fine by the lion's teeth to be made purest bread for Christ."

만일 이 문구를 석의(주해)한다면 일차적으로 우리가 물어야 할 질문은 이런 것입니다. 이는 누가 한 말일까? 어떤 배경에서 한 말일까? 전후 문맥은 무엇일까? 실제로 일어난 일을 바탕으로 할까? 어디에 수록되어 있는 말일까? 정확하게 인용이 되었을까? 이런 질문들을 가지고 도서관에서 책을 찾아보기 시작하면 꽤 시간이 걸렸겠지만, 다행히 이 문구 바로 밑에 간단한 정보가 있었습니다. 이 말은 바로 2세기에 안디옥에서 사역했던 이그나티우스(Ignatius of Antioch)가 했던 말이었습니다. 그는 신앙 때문에 순교한 안디옥의 감독으로, 위의 말도 그런 배경 속에서 한 말입니다.

더 자세한 것은 추가적인 연구가 필요하겠지만 일단 이 정도로만 하고, 당장 더 급한 위 문장의 의미를 살펴봅시다. 처음 이 문장을 읽었을 때는 "나는 하나님의 밀밭이다…"라는 방식으로 읽어 보았습니다. 그렇게 하니까 뒤의 문구와 연결이 되지 않았습니다. 밀밭이 사자의 이빨과 무슨 상관이며, 또 빵이 된다는 것과는 어떻게 연결이 될까요? 다르게 읽을 수 있는 길이 있을까 생각해 보았습니다. 중요한 것은 "ground"의 의미였습니다. 영어 사전을 찾아보면 ground에 기본적으로 세 가지 의미가 있습니다. 첫째는 명사로 밭이나 땅, 영역 등의 뜻이고, 둘째는 동사로 '~에 위치/근거를 두다'의 의미이고, 셋째로 '갈다'(grind)의 과거 완료로 '갈린'의 의미입니다. 이중 세 번째 의미를 적용하면 뜻이 자연스럽게 연결이 됩니다. "나는 그리스도를 위하여 가장 순결한 빵이 되기 위해 사자의 이빨로 곱게 갈아진 하나님의 밀입니다."

일단 이렇게 문장 의미를 밝혀 놓고 나면 이제 우리는 이것을 문자적 의미로 읽을지 아니면 비유적 의미로 읽어야 할지를 결정해야 합니다. 이를 위해서는 이 문장의 다양한 맥락들을 살피는 것이 필수적입니다. 문학적 장르가 무엇일까? 여기서 "나"는 동화 속에 나오는 밀을 의인화한 것일까? 만일 장르가 동화라면 여러 곡식들이 나와 자기를 소개하는 장면을 상상할 수 있을 것입니다. 밀이 나와서 자기소개를 하고, 옥수수가 나와서 소개를 하고, 감자가 소개를 하고 하는 식 말입니다. 그러나 이 문장은 그런 장르에 속하지는 않는 것 같습니다. 더군다나 이그나티우스가 속사도 교부요 또한 순교자라는 역사적 맥락을 고려한다면, 이 문장은 자신의 생명을 주님께 드리고자 하는 한 신앙인의 고귀한 신앙고백 진술로 장르를 정할 수 있습니다. 그렇다면 이 말은 문자적 의미로 볼 수는 없고 자신의 순교적 각오를 은유화한 표현으로 볼 수 있습니다. 그런데 놀랍게도 결국 이그나티우스는 로마에 끌려가서 맹수형으로 순교했다고 합니다.

: 석의(釋義), '읽어 들이기'가 아닌 '읽어 내기'

위에서 이그나티우스의 문장을 들고 나온 이유는 석의를 한다는 것이 무엇인지를 보여 주기 위한 하나의 예시를 위해서입니다. 차이가 있다면 우리가 석의를 해야 할 대상이 위와 같은 영어 문장이 아니라 성경의 기록 언어인 히브리어와 헬라어로 된 본문이라는 것입니다. 석의 또는 주해라는 단어가 일상 용어는 아닙니다. 그래서 어감 자체가 참 낯섭니다. 석의를 가리키는 영어 단어 exegesis는 그래도 그 뜻을 알기가 쉽습니다. 이 단어는 헬라어 전치사 엑크(ek, 밖으로)의 의미가 담긴 것으로 본문의 원래적 의미, 역사적 차원의 의미를 밖으로 끄집어 내는 것을 뜻합니다. 이는 '끄집어 들이기' 또는 '읽어 들이기'(eisegesis)와 대비되는 개념입니다. 우리가 피해야 할 것은 '읽어 들이기'입니다. 아무리 우리 눈에 옳게 보여도 성경 자체가 말하지 않는 것을 성경이 말하는 것처럼 '읽어 들이기'하는 일은 반드시 피해야만 합니다. 이단들이 이런 일을 전문적으로 하는 집단들이지만, 가끔은 건전한 교단의 설교자들도 선한 동기를 앞세워 '읽어 들이기'를 하기도 합니다. 많은 경우에 이것은 석의의 필요성을 모르거나, 아니면 자기 관점에 대한 지나친 고집 때문에 일어납니다.

이 장에서는 석의 단계를 세밀하게 구분해 설명하기보다

는 석의상의 오류들을 중점적으로 살펴보고자 합니다. 왜 본문에 대한 왜곡이 심심치 않게 일어날까요? 여기에는 다양한 이유가 있을 것입니다. 의도치 않은 실수들도 있을 것이고, 의도된 경우들도 있을 것입니다. 그러나 대부분의 경우 원문을 확인조차 하지 않는 부주의나 석의에 대한 무관심 때문에 오류가 일어납니다. 이런 경우들을 하나씩 구분해서 살펴보겠습니다.

- 비의도적인 오류들

수년 전에 출판사 지평서원에서 명 설교가 조지 횃필드(George Whitefield)의 설교전집을 번역 출판한 적이 있었습니다. 저도 번역진의 한 사람으로 참여하여 『하나님의 사랑을 입은 사람들』이라는 설교집을 번역했습니다. 영국이 낳은 가장 위대한 설교자 중 한 사람인 횃필드의 설교는 읽는 것만으로도 감동이 되고 은혜가 되었습니다. 특히 "불 속에서 하나님께 영광 돌리기"라는 제목의 설교는 성도가 당하는 고난 속에서 어떻게 하나님의 뜻을 깨닫고 유익을 얻을 수 있을 것인지에 대한 주옥같은 설교입니다. 횃필드는 잉글랜드 북부 뉴캐슬 지역으로 설교 여행을 갔을 때 겪었던 일 한 가지를 들려줍니다.[1]

"한번은 어떤 유리 만드는 집에 가게 되었습니다. 저는 유리 만드는 과정을 매우 주의 깊게 지켜보았는데, 거기에는 여러 가지 모양으로 시뻘겋게 달아 있는 유리 덩어리들이 있었습니다. 직공은 그중 한 무더기를 떼어 내어서 화로 속에 집어넣었습니다. 그리고 또다시 그것을 두 번째 화로에, 다시 세 번째 화로에 차례로 집어 넣는 것이었습니다. 저는 궁금해서 직공에게 물었습니다. '왜 이렇게 여러 번 불 속에 집어넣는 것입니까?' 그의 대답은 이러했습니다. '선생님, 첫 번째 화로가 충분히 뜨겁지 않기 때문에 두 번째 화로에, 또 그 두 번째 화로도 충분히 뜨겁지 않기 때문에 세 번째 화로에, 이렇게 차례로 넣어야 유리가 마침내 투명해지는 것입니다.' 그에게 인사를 하고 나오면서 저는 '그래, 이게 바로 훌륭한 설교야' 하는 생각이 들었습니다. 깨끗한 유리를 만들기 위해 차례차례 유리 원석을 불 속에 집어넣는 것처럼, 하나님께서도 우리 영혼이 투명해져서 하나님을 있는 그대로 볼 수 있도록 만들기 위해 우리를 불 속에 차례로 넣으셔서 단련하시는 것입니다.'

횟필드는 설교의 중심 모티프인 '불 속'이라는 개념을 이사야 24:15에서 가져오고 있습니다. 한글 번역으로 읽으면 "그러므로 너희가 동방에서 여호와를 영화롭게 하며"로 되어 있는 본문입니다. 지금 우리는 방향을 가리키는 "동방"으로 읽고 있지만, 횟필드 당시에는 킹 제임스 번역(KJV)에 근거한 "in the fires"가 가장 보편적인 독본이었습니다. 횟필드는 여기에 따라 불을 고난의 불로 자연스럽게 이미지화한 것입니다. 오늘과 달리 당대의 맥락에서는 어쩔 수 없는 오류인 셈입니다. 고난의 불 속에서도 하나님께 영광 돌리자는 횟필드의 설교는 명 설교임에 틀림없지만, 본문 석의의 관점에서 보면 이는 더 이상 용납될 수 없는 설교입니다.

사실 이런 차원의 실수는 많은 설교자가 부지불식간에 저지릅니다. 얼추 비슷한 개념이라고 생각해서 어떤 본문을 잡아 설교했는데, 뒤에 가서 보니 본문과는 전혀 상관없는 설교를 하고 마는 것입니다. 설교자라면 이런 경험을 한 번씩은 다 가지고 있을 것입니다. 의도 되지 않은 실수인 것이지요. 이런 실수조차도 안 했으면 좋겠지만, 설교할 일은 많고 일일이 본문 살피기는 어렵고, 그러다 보니 간간이 이런 실수들이 일어납니다. 그나마 위안이 되는 것은 내 설교가 본문과는 좀 맞지 않았지만 그렇다고 해서 영 잘못된 진리를 가르친 것은 아니라는 점입니다. 이 때문에 우리가 바른 신앙고백과 건전한 교의학적 틀 속에 서 있다는 것은 매우 중요합니다. 그것이 보이지 않게 우리를 지켜 주는 보루 역할을 하기 때문입니다. 그렇다고 해서 우리가 안심하고 실수를 남발해서는 안 될 것입니다.

- 진지하게 오류를 즐기는 사람들

어떤 사람들은 자신이 하는 일이 오류든 아니든 상관없이 성경을 자기 마음대로 이용합니다. 물론 이런 사람들은 이단이요 사이비들입니다. 이들이 성경을 이용하는 이유는 성경 자체에 진지한 관심 때문이 아니라 자기 이익을 위해 성경의 권위를 도용하려는 것뿐입니다. 출판된 지가 좀 오래 되긴 했지만 제임스 사이어(James W. Sire)의 『비뚤어진 성경해석』이라는 책은 이단들이 성경을 어떻게 '비틀기'(twisting)하는지 잘 보여 줍니다. 사이어는 이를 유형에 따라 20가지 항목으로 묶어서 잘 보여 주는데, 같은 틀을 이용해서 좀 더 최근의 상황까지 업데이트를 했으면 하는 바람이 있기도 합니다.

사이어가 드는 예 중의 하나가 '초월명상'의 창시자인 마하리쉬 마헤시 요기(Maharishi Mahesh Yogi)의 다음과 같은 말입니다.[2]

> "예수는 '너희는 가만히 있어 내가 하나님 됨을 알지어다'라고 하셨소. 가만히 있어 당신들이 하나님임을 알도록 하시오. 당신들이 하나님이라는 것을 알게 되면, 당신들은 하나님처럼 살기 시작할 것이고, 하나님처럼 살면 고통을 당할 이유도 없게 되오."

이 말에는 사이어가 정리하는 다양한 오독법의 상당수가 복합되어 있습니다. 첫째는 부정확한 인용의 오류입니다. "너희는 가만히 있어 내가 하나님 됨을 알지어다."라는 말은 시편 46:10에 나오는 말씀인데 요기는 이를 예수께서 하신 말씀으로 잘못 인용하고 있습니다. 두 번째는 성경을 미끼로 쓰는 오류입니다. 요기의 관심은 성경 자체에 있는 것이 아니라 성경의 권위를 빌려서 도용하려는 것뿐입니다. 세 번째는 문맥을 무시 또는 조작하는 오류입니다. 시편의 문맥과는 상관없는 곳에 이 본문을 투입하여 새로운 문맥을 지어내고 있습니다. 네 번째는 가장 심각한 것으로서, 세계관 혼동의 오류입니다. 위의 본문에서 "나"는 하나님 자신입니다. 그러나 요기는 이 "나"를 인간 주체로 전환시킵니다. 하나님께서 하나님 되심을 인정하고 믿는 것이 아니라, 인간 자신이 자기 내면에 본래부터 가지고 있는 신성을 발견하라는 것입니다. 이는 인간이 곧 신이라는 인간중심적, 내재론적 세계관에 지나지 않습니다.

이런 사람들의 손에 의해 성경은 하나의 수사와 장식으로 변질됩니다. 성경을 전혀 존중하지 않으면서도 성경의 권위는 도용하고 싶어 합니다. 이런 사람들은 성경을 가지고 무슨 일이든 다 할 수 있습니다. 자기 마음대로 찢어 붙이고 변용하기를 즐깁니다. 딱 한 가지만 하지 않습니다. 바로 성경의 권위 아래 자신을 두지 않는 것입니다. 왜냐하면 자신이 성경 위에 있다고 생각하기 때문입니다. 물론 이런 사람들과 본질은 다르겠지만, 오늘날 건전한 교회 안에서도 성경이 하나의 수사와 장식으로 전락해 버린 현상이 나타나고 있습니다. 이는 교회를 하나님의 교회가 아니라 하나님의 이름을 빙자한 인간교로 타락시키는 지름길임을 기억해야 합니다. 오직 성경에 대한 성실하고 존중 어린 석의만이 이런 타락을 막을 수 있습니다.

- 석의 중에 일어나는 석의상의 오류들

대부분 건전한 설교자들은 충실한 석의 과정을 거쳐 설교를 작성하려 애씁니다. 그러나 성경 원문과 씨름하는 일은 참 쉽지 않은 일입니다. 저명한 설교자들 중에도 신학교를 졸업한 뒤로는 성경 원문을 한 번도 들여다 본 적이 없다고 고백하는 분들이 많습니다. 그렇다면 과연 우리가 시간을 들이고 애써서 석의 작업을 하는 것이 꼭 필요할까요? 이는 설교자 자신의 사명 의식과 관계된 문제입니다. 바깥으로 드러난 결과물은 비슷할지 모르지만 그 속이 무엇으로 채워졌는지는 하나님과 자신만 압니다. 설교자는 사람들 앞에 보이지 않는 부분에서도 먼저 본문을 품고 치열하게 씨름하며 그 뜻을 살피는 작업을 하지 않으면 안 됩니다.

신학교에 있다 보면 개강집회나 경건회에서 초청 받아온 외부 설교자의 설교를 듣는 경우가 많습니다. 신학교이다 보니까 아무래도 강사들이 신학생들의 사명 의식을 고취시키고자 하는 목적으로 본문 선택을 많이 합니다. 그러다 보니 단골로 등장하는 본문들이 있습니다. 요한복음 21장이나 고린도전서 4:1-2 같은 본문이 대표적입니다. 그런데 특이한 것은 고린도전서 4:1에 나오는 "일꾼"이라는 단어의 설명입니다. 헬라어로는 *휘페레테스*(ὑπηρέτης)라는 단어입니다. 대부분의 설교자들이 이 단어는 본래 배 아래에서 노 젓는 노예를 가리키는 단어이고, 따라서 "그리스도의 일꾼"은 곧 그리스도의 노예를 가리킨다고 설명하는 것을 듣습니다. 왜 이런 천편일률적인 설명이 나오는 것일까요? 고린도전서에 대한 신빙성 있는 주석을 쓴 학자들 중에 이런 주장을 하는 사람은 거의 아무도 없는데도 말입니다. 꼭 같은 단어가 사도행전 13:5에서 마가 요한에게 적용되는데, 거기서는 "수행원"으로 번역되어 있습니다. 마가 요한이 바나바와 바울의 노예나 종으로 그들을 섬긴 것은 아닙니다.

그런데 이런 문제는 한국 강단에서만 일어나는 문제는 아닌 모양입니다. 미국의 저명한 신약학자인 돈 카슨(D.A. Carson)은 『성경해석의 오류』라는 책에서 이 문제를 지적하고 있습니다. 이 책의 영어 제목(*Exegetical Fallacies*)이 잘 보여 주는 것처럼 성경 원문을 바탕으로 석의 작업을 하는 사람들 속에서 일어나는 석의상의 오류들을 다루는 책입니다. 거기서 카슨이 제일 첫 번째로 지적하는 문제가 단어 연구의 오류인데, 그중에서도 제일 빈번한 것이 "어근 오류"입니다. 그리고 그 대표적인 예로 드는 것이 위의 *휘페레테스*라는 단어입니다.[3] 이 단어의 어근을 분석하면 배 아래에서 노 젓는 사람의 의미가 나올 수는 있습니다. 먼 옛날에 그런 방식으로 이 단어가 만들어졌는지는 모르겠습니다. 그러나 헬라어 고전 문학 속에서조차 *휘페레테스*

가 노 젓는 노예의 의미로 쓰인 예가 전혀 없으며, 이는 신약 속에서도 마찬가지입니다. 이미 '조력자, 돕는 자'의 의미로 통용되고 있는 단어를 굳이 어근을 나누어서 새로운 의미를 도출해 내려 하는 것은 카슨이 우스갯소리로 지적하듯이 나비를 가리키는 butterfly를 butter와 fly로 나누어서 날아다니는 버터로 생각하는 것과 비슷합니다.

물론 어근 분석은 중요합니다. 때때로 어근 분석을 통해 우리는 새로운 통찰을 얻기도 합니다. 그러나 우리가 한 단어를 두고 가장 먼저 포착해야 할 것은 그 글이 기록되던 당시의 맥락 속에서 통용되던 의미입니다. 그리고 이런 의미는 일차적으로 헬라어 사전에서 찾아볼 수 있습니다. 출처도 알 수 없는 정보들을 여기저기서 끌어 모아 놓은 그런 자료집들에 의존할 것이 아니라 정평 있는 사전이나 주석들을 참고해야 할 이유가 여기에 있습니다.

- 원문 확인조차 않는 데서 일어나는 태만의 오류들

성경 원문에서부터 출발하지 않으면 번역에 의존할 수밖에 없습니다. 그런데 번역이란 것은 태생적인 한계를 가집니다. 한 언어의 틀이 다른 언어의 틀로 옮겨지는 순간 우리는 우리에게 익숙한 언어 틀의 지배를 받을 수밖에 없습니다. 우리는 한글 번역 성경이 참 탁월한 번역이라는 것에 대해 감사하지 않을 수 없지만, 그럼에도 불구하고 늘 아쉬움을 느끼는 것은 어쩔 수 없는 일일 것입니다.

저는 고등학교를 졸업할 때까지 소위 '가스펠송'이라는 것을 한 번도 접해 보지도, 불러 보지도 못한 시골교회에서 신앙생활을 했습니다. 그러다가 서울에 와서 한 교회의 대학부에 들어갔는데, 이는 제게 완전히 별천지 같은 세계였습니다. 모일 때마다 기타를 치면서 거의 가스펠송만을 불렀는데, 신나기도 했고 뜨거워지기도 했습니다. 그때 자주 불렀던 노래 중에 이런 것이 있었습니다. "아름다운 것을 지키라 아름다운 것을 지키라 성령으로 네게 부탁한 아름다운 것을 지키라." 천천히 부르다가 점점 빠르게, 나중에는 박수도 치면서 부르면 정말 신이 났습니다. 그런데 어느 순간 나 혼자 멈추어 서서 '내가 지금 부르고 있는 이 노래가 뭐지? 난 뭘 노래하고 있는 걸까? 아름다운 것을 지키라 했는데, 아름다운 것이 뭐지?' 이런 생각을 해 보았습니다. 그리고 추적해 보니 이 노래가 디모데후서 1:14에 곡을 붙인 것임을 알게 되었습니다. 그러나 여전히 의문은 풀리지 않았습니다. 여기서 말하는 '아름다운 것'이 뭘까? 미적으로 아름다운 것을 말하는가? 아름다운 자연을 잘 지키라는 걸까? 한참이 지난 후에야 여기서 바울이 지키라고 하는 것은 '아름다운 것'이라기보다 '의탁물'(*파라떼케*)이라는 것을 알게 되었습니다. 누군가를 믿고 맡겨놓은 자신의 소중한 재산, 그것이 의탁물인데, 주님께서 또는 바울이 우리에게 그런 소중한 진리의 복음을 맡기신 것입니다. '아름다운'은 하나의 형용사에 불과하고 더 중요한 단어는 '의탁물'입니다.

이런 경험을 통해 두 가지를 배울 수 있었습니다. 하나는, 신나고 뜨겁게 노래하는 것도 좋지만 도대체 내가 뭘 노래하는지 알고 노래하지 않으면 안 된다는 것이었습니다. 또 하나는, 번역은 한계를 가질 수밖에 없다는 것이었습니다. 살려야 할 것을 제대로 살리지 못하는 경우가 너무 많고, 때로는 개념상의 혼동을 유발하기도 합니다. 언젠가 마가복음 10:15의 "누구든지 하나님 나라를 어린아이와 같이 받들지 않는 자는 결단코 그 곳에 들어가지 못하리라."는 본문에 대한 설교를 들으면서 설교자가 '받든다'는 단어를 '떠받든다'는 차원으로 발전시키는 것을 본 적이 있습니다. 사실 '받든다'는 번역어가 떠받드는 것을 연상시키는 것은 어쩔 수 없는 일인지 모릅니다. 그러나 이렇게 해서 하나님 나라도 떠받들고, 하나님 나라를 선포하는 설교자도 떠받들어야 한다는 방식으로 설교가 발전이 되어 나가는 것은 정말 부당한 일이 아닐 수 없습니다. 이 본문에서 '받든다'로 번역된 단어는 데코마이(δέχομαι)인데, 이는 '환영하다, 수용하다'의 의미를 가집니다. 어린아이와 같은 순수한 마음으로 하나님 나라를 환영하고 받아서 자기 것으로 삼으라는 뜻입니다. 떠받들라는 것과는 아주 거리가 멉니다.

설교를 준비하면서 최소한 원문 대조라도 한다면 엉뚱한 방향으로 개념 발전을 시키는 것을 방지할 수 있을 것인데, 참 아쉽습니다. 설교자로서 우리가 가져야 할 더 큰 목적은 성도들이 가진 기존 개념들이 성경적 개념으로 온전히 탈바꿈하도록 인도하는 것임을 꼭 기억해야 할 것입니다.

- 석의를 무색하게 만드는 뻔뻔한 확신의 오류들

제일 무서운 것은 무식한 확신에서 비롯된 오류입니다. 설교가 성경의 석의에서부터 출발하지 않으면 때때로 무서울 정도의 확신을 가지고 비성경적인 사상을 설교하는 오류를 범하기 쉽습니다. 권성수 목사의 『성경해석학』에 아주 좋은 예가 나옵니다. 고린도전서 3:21의 본문에 의거해서 "만물이 다 너희 것임이라"는 제목으로 어떤 목사가 실제로 설교한 내용을 채록한 것인데, 그 내용은 이렇습니다.[4]

"나는 가난이 지긋지긋한 사람입니다. 나는 부자로 살던 사람이기 때문에 가난이 아주 지긋지긋해. 우리 하나님은 부잔 걸 믿으면 아멘 하세요. … 여기가 좋사옵나이다 하는 사람은 하나님이 도울 수 없습니다. 나는 여기가 싫다고 하나님 걸 뺏어야 합니다. 천국은 빼앗는 자 거라고 했습니다. 달래야 합니다. 조건이 어디 있어요, 아버지한테?

… 여러분 아버지가 친정에 걸려 있던 멋있는 벽화 같은 것을 딸이 와서 아버지 없을 때 몰래 갖다가 자기 집에 걸어 놓고 난 다음

에 '아버지, 우리 집에 좀 오세요.' 오고 난 다음에 딸 집에 있으면, '이 놈의 딸년아, 이걸 왜 가지고 왔느냐?'고 욕합디까? '하, 거 보기 좋다. 잘 갔다 놨다.' 믿으면 아멘 하세요.

잘 들어요. 잘 들어야 합니다. 지금 잘 들어요. 성경은 계속 침노하는 자 거라고, 뺏는 자 거라고 합니다. 싸워서 이기는 자 거라고 얘기한단 말이요. … '아버지 이번에 내게 축복만 해 주신다면, 내가 목사가 되겠어요.' 그래 가지고 대학 딱 들어가고 난 다음에 목사가 안 돼도 아버지가 오래 참는 걸 믿으면 아멘 하세요. 하나님이 이런 분이야, 이렇게 좋으신 분이야."

참 기가 막힐 정도로 확신에 찬 설교입니다. "아멘 하세요."를 계속 요구합니다. 그러면서 성경을 빙자한 자기 사상을 강요합니다. 뺏으면 다 자기 것이고, 차지하면 그것으로 끝이라는 것입니다. 무조건 많이 가지는 것이 축복이고, 이를 위해서는 하나님을 속여도 상관없다고 말합니다. 하나님은 참 좋은 분이라고 이야기하지만, 속이고 이용해 먹기 참 좋은 분이라고 이야기하는 셈입니다. 이렇게 설교할 수 있는 근거가 "만물이 다 너희 것"이기 때문이라고 합니다. 사실 이 본문은 그가 생각하는 것과는 정반대의 것을 가르치고 있습니다. 문맥 속에서 바울이 강조하는 것은 고린도 교인들이 진정으로 지혜 있는 사람들이라면 '지혜자에게는 만물이 다 그의 것'이라는 고대의 격언을 잘 알고 있었을 것이고, 따라서 고린도 교인들처럼 바울을 움켜잡고 베드로를 움켜잡으려 할 것이 아니라, 오히려 그들도 아무것도 아니라는 것, 오직 그리스도만 그들의 전부임을 인정하는 것, 이것이 참 지혜자의 모습임을 강조하는 것입니다. 실제로 바울이 말하는 것은 다 무시한 채 "만물이 다 너희 것"이라는 문구 하나만 들고 나와서 이런 무식한 확신에 찬 설교를 하는 것은 교인들에게 영적 독극물을 먹이는 일과 같습니다. 이런 설교들이 지금까지 한국 교회의 부흥을 이끌었다는 것이 그저 부끄러울 따름입니다. 이런 왜곡된 확신 위에 서 있는 한국 교회라면 차라리 속히 무너지는 것이 더 나을 것입니다. 재 위에서 우리는 다시 시작해야 합니다.

: 우리가 들어야 할 청중의 아우성

성경을 사랑하고 열심히 읽는 한 성도가 있었습니다. 그는 성경을 주제적 맥을 따라 읽기도 하고, 연대적 순서를 따라 읽기도 하며 다각적인 방식으로 읽었습니다. 또한 기회 있을 때마다 다른 사람들에게 성경 읽는 법을 가르치곤 했습니다. 그런데 얼마 전 그를 오랜만에 만났을 때 한 시간 넘게 하소연을 하는 것을 묵묵히 들었더랬습니다. 개인적인 경험도 있고 해서 목회자를 판단하지 않기로 마음을 굳게 먹었지만, 현실적으로 주일 예배에 임할 때마다 자기도 모르는 사이에 '목사 판단자'(pastor judge)가 되어 있는 자신의 모습을 발견하고 가슴이 아프다고 합니다. 하지 말아야 한다는 것을 알면서도 자기도 모르게 그렇게 하고 있는 자신의 모습을 어떻게 할 수가 없다고 말합니다. 성경은 장식으로 전락하고 들으나 마나 한 세상살이 이야기들로 강단이 채워지는 것이 가슴 아프다고 합니다. 우리는 이 절규를 깊이 들어야 하고, 양심의 번뇌를 끊어주는 데 애를 써야 합니다. 이런 성도도 있는가 하면, 한편 아예 성경을 모르고 성경에 대해 관심도 없는 성도들이 폭증하고 있습니다. 그 이유 중 하나는 성경을 가르치도록 강단에 세움을 받은 설교자들이 성경을 가르치는 자리는 독점하면서 실제적으로는 성경을 가르치지 않고 있기 때문입니다. 설교자들이 성경 없이도 잘 굴러가는 것처럼 보이는 교회를 만들어가고 있습니다. 그러나 기반 없는 건물이 지진에 쉽게 흔들리는 것을 우리는 분명히 알고 있습니다. 한국 교회가 보다 강하고 튼튼한 교회로 거듭나야 하는데, 이를 위해 우리에게 필요한 것은 분명하고도 정확한 석의, 석의, 또 석의입니다.

5장.

사본과 관련된
까다로운 질문들

삶에서 은혜 받는 성경 해석 · 1

사본 이야기는 껄끄러운 이야기이지만,
피해갈 수 없는 부분이기도 합니다.

어느 주일날 교인 한 분이 성경을 펴들고 쫓아와서 따지듯이 물었습니다. "목사님, 제가 기억하기로 '기도와 금식이 아니면 이런 유가 나가지 않는다'는 말씀이 여기에 있었던 것 같은데 왜 지금 여기에는 '없음'이라고 나와 있습니까? 혹시 이거 개역개정판 내면서 빼버린 것 아닙니까?" 마태복음 17:21을 두고 하는 이야기였습니다. "그런 건 아니고요, 처음부터 이건 '없음'으로 표시되어 있었던 것입니다. 집사님께서 기억하시는 본문은 아마 마가복음인 것 같군요." 그래서 함께 동일한 이야기를 다루고 있는 마가복음 9:29을 찾아보았습니다. "이르시되 기도 외에 다른 것으로는 이런 종류가 나갈 수 없느니라 하시니라." "자, 여기 그 구절이 있지요?" "예, 그렇긴 하네요. 하지만…" 그러면서 말꼬리를 흐립니다. 같이 확인을 했는데도 그 집사님은 뭔가 좀 미심쩍다는 눈치입니다. "왜요? 뭐가 아직 시원치 않은 게 있습니까?" "제 기억에는 분명 금식이라는 말이 있었던 것 같은데 여기에도 금식에 대한 언급은 없네요. 그럼 처음부터 금식이란 단어는 없었던 건가요?"

이쯤 되면 이야기는 제법 전문적인 영역으로 돌입하게 됩니다. 사본 이야기를 꺼내지 않을 수 없으니까요. 교인들과 사본 이야기를 나누는 것은 참 힘들고 껄끄러운 일 가운데 하나이지만, 그렇다고 피해갈 수 없는 부분이기도 합니다. 특히 교인들이 궁금증을 가지고 질문을 해 올 때는 더욱더 그렇습니다. 사실 일반 교인들에게 사본 문제는 어리둥절한 이야기 가운데 하나일 것입니다. 많은 교인들은 온 교회가 다 같이 사용하는 지금의 성경 그대로가 하나님의 말씀이라고 단순하게 생각하고 있는데, 다른 판본의 가능성이 있다는 것은 생각해 보지도 못한 일일 것입니다. 물론 성경에 대해 좀 더 체계적인 관심을 기울여 온 교인들도 많지만, 대부분 교인들은 사본에 관해 별로 관심이 없습니다. 그러다가 한 번씩 위에서 이야기한 방식으로 사본과 관련된 문제들을 들고 나와서 아무 준비가 안 된 목회자를 당황하게 만들기도 합니다. 설교를 위해 석의를 하는 과정에서도 "본문을 확정하라"는 단계가 가장 먼저 요구되는 단계인데, 사실상 크게 신경 쓰지 않는 단계이기도 합니다. 그러나 경우에 따라서는 이런 부분의 작업이 꼭 필요한 순간들도 있습니다. 여기에 대해 조금 더 자세히 이야기해 보고자 합니다.

: "없음"으로 처리되어 있는 구절들의 경우

위에 나오는 어떤 집사님이 제기했던 질문처럼 "없음"이라고 처리되어 있는 본문은 왜 그렇게 되어 있는 것일까요? 이 구절이 없는 것이라면 처음부터 자리를 매기지 않으면 될 텐데, 왜 마태복음 17:21과 같이 엄연히 자리는 만들어 놓고 내용은 "없음"이라고 처리를 해 놓은 것일까요? 그 이유는 우리가 현재 취한 헬라어 본문에는 이 부분이 비어 있지만, 이전의 다른 헬라어 판본이나 거기에 의거한 번역본에는 마태복음 17:21이 들어 있기 때문입니다. 예를 들어 킹 제임스 역(KJV)을 보면 엄연히 그 자리에 "Howbeit this kind goeth not out but by prayer and fasting."이라는 문구가 나타나는 것을 봅니다. 그러니 경우에 따라서 마태복음 17:21이 없다고도 할 수 없는 것이지요. 이전에 킹 제임스 역을 교회의 주 성경으로 사용하던 시대에는 "여러분, 우리 다 같이 마태복음 17:21을 찾겠습니다." 하면 모두가 이 구절을 찾아서 읽었기 때문에 분명히 이 구절은 있었던(그리고 여전히 KJV을 사용하는 경우 지금도 있는) 구절이기도 합니다. 이런 이유 때문에 현재 우리가 가지고 있는 성경에도 "없음"이라는 하나의 흔적 또는 빈자리가 남아 있는 것입니다. 그리고 거기에다 각주를 붙여 놓았습니다. 이 각주를 찾아서 읽어보면 "어떤 사본에, 21절 '기도와 금식이 아니면 이런 유가 나가지 아니하느니라'가 있음."이라는 내용이 나타납니다.

킹 제임스 역(KJV)을 좋아하는 사람들이 많이 있습니다. 저 또한 이 역본을 참 좋아합니다. 그 배경에는 킹 제임스 역의 뿌리가 되는 영어 번역본을 만든 윌리엄 틴데일(W. Tyndale)에 대한 존경심이 있습니다. 그를 좋아하고 존경해서 그가 활동했던 곳, 또 결국 화형 당해서 죽은 곳을 직접 찾아다니기도 하였습니다. 그를 좋아하는 만큼 그의 숨결과 손때가 묻은 킹 제임스 역을 사랑합니다. 그렇다고 해서 킹 제임스 역을 신봉하지는 않습니다. 이 문제와 관련해서 어떤 사람들은 너무 극단적인 입장을 취하는 것 같습니다. 만일 킹 제임스 역을 신봉하는 사람의 입장에 서서 마태복음 17:21과 같은 경우를 본다면 이는 매우 분개할만한 일일 수도 있을 것입니다. 분명히 있는 구절을 빼버리고 "없음"으로 처리를 해 놓았으니까요.

하지만 우리는 킹 제임스 역을 판단의 기준으로 삼지는 않습니다. 마태복음 17:21에 붙어 있는 각주의 문구도 자세히 보면 "어떤 사본에 …가 있음"이라고 하지 "어떤 역본"이 그렇다고 말하지는 않습니다. 킹 제임스 역 같은 번역본들은 이 구절을 가지고 있는 사본(그것에 바탕을 둔 공인

본)의 번역일 뿐입니다. 이 구절을 가지고 있는 사본들은 그 연대가 상대적으로 후대이고 또 그 무게도 떨어지는 편입니다. 원래 이 구절이 원본에 들어 있었다면 매우 전문적이고 조심스러운 필사자들이 한 단어도 아니고 한 구절 전체를 통째로 빼버렸다는 것은 생각할 수 없는 일입니다. 오히려 후대의 필사자들이 마가복음 9:29를 떠올리고 여기에다 그것을 가필했을 가능성이 더 큽니다. 이런 판단에 따라 현재 우리가 보편적으로 사용하는 헬라어 본문에서는 이 구절이 '없다'고 결정해 놓은 것입니다. 복음서나 사도행전에서 "없음"으로 처리되어 있는 빈 구절들은 대부분 이런 경우들에 해당한다고 볼 수 있습니다.

예를 들어 사도행전 8:37은 "없음"으로 되어 있는데, 여기에도 각주가 붙어 있습니다. 그 각주에 보면 "어떤 사본에, 37 '빌립이 이르되 네가 마음을 온전히 하여 믿으면 가하니라 대답하여 이르되 내가 예수 그리스도께서 하나님의 아들인 줄 믿노라'가 있음."이라고 되어 있는 것을 발견합니다. 이런 구절 역시 본래 있던 것을 필사자들이 일부러, 아니면 실수로 뺐을 가능성은 전혀 없습니다. 오히려 후대에 어떤 필사자가 '세례를 주면서 어떻게 신앙고백을 확인하지도 않고 세례를 줄 수 있는가?'라는 생각에 이 구절을 첨가해 넣었다고 보는 것이 더 정확할 것입니다. 이 역시 킹 제임스 역 같은 역본에 반영이 되어 있기 때문에 37절의 자리를 차지하긴 하지만 내용은 "없음"으로 처리된 것입니다.

그러면 마가복음 9:29의 "금식" 부분은 어떻게 된 것일까요? 이 경우는 판단하기가 좀 더 어렵습니다. 우리 한역(개역한글판이나 개역개정판)은 처음부터 여기에 금식이 들어가 있지 않았습니다. 〈바른 성경〉의 경우는 각주에 "다른 고대 사본들에는 '기도와 금식'"이 들어 있다고 밝혀 놓았습니다. 이는 NIV 같은 현대 영어 역본도 마찬가지인데, 거기에도 각주에 일부 사본들은 "prayer and fasting"(기도와 금식)을 가지고 있다고 밝히고 있습니다. 반면 킹 제임스역은 각주가 아니라 본문 속에 "prayer and fasting"(기도와 금식)을 넣고 있습니다. 이렇게 '금식'이 없는 본문, 있는 본문, 각주에 들어가 있는 경우 등 차이가 나타납니다. 왜이런 차이가 생기는 것일까요? 이 역시 사본의 차이 때문입니다. 고대의 일부 대문자 사본들은 '금식'을 가지고 있지 않습니다(대표적으로 시내산 사본과 바티칸 사본). 그러나 또 다른 고대 사본들은 '금식'을 가지고 있습니다(대표적으로 시내산 사본 수정본, 알렉산드리아 사본, 베자 사본, 여기에 더하여 후기 소문자 사본들과 많은 고대 역본들). 비록 현재의 헬라어 본문이(한역도) '금식'을 가지고 있지는 않지만, 이것이 원래부터 없었다고 단정하기는 어렵습니다. 영국의 저명한 신약학자 프랑스(R. T. France) 같은 학자도 이 본문에서 '금식'의 본래성을 배제하지 말아야 한다고 주

장하고 있습니다.[1]

역시 설명이 길어지는군요. 이렇게 설명을 상세히 잘 한다고 해도 앞서 질문을 가지고 쫓아왔던 집사님께서 충분히 납득을 할지는 미지수입니다. 오히려 머리만 더 아프게 만들지는 않을까 걱정스럽습니다. 교인들을 상대로 이런 설명을 할 필요가 있을까요? 그 답은 경우에 따라 다를 것입니다. 교인들 중에는 진지하게 그 답을 원하는 분들도 있을 것이고, 상세한 답을 별로 기대하지 않는 분들도 있을 것입니다. 어느 지점에서 선을 그어야 할지는 목회자의 판단에 달린 문제입니다. 일단은 목회 현장에서 이런 질문들이 빈번하게 일어나는 만큼 목회자 자신이 잘 대비하는 것이 필요하지 않을까 생각합니다.

: 영어나 다른 역본을 읽다가
한역과 차이를 발견하는 경우

요즘은 영어나 다른 언어로 성경을 읽는 교인들이 참 많습니다. 한역의 표현이 좀 애매하다고 생각하는 경우 영어를 대조해서 읽으면 훨씬 더 뜻이 명료해진다고 말씀하시는 분들을 많이 봅니다. 물론 어떤 때는 혼란이 생기는 경우도 일어납니다. 한역과 영역 사이에 뜻이 너무 다른 경우들을 가끔 만나기 때문입니다. 어떤 때는 둘 중의 하나가 잘못된 것이 아닌가 할 만큼 뜻이 다른 경우도 있습니다. 그러면 이런 문제를 들고 또다시 목사님을 찾아옵니다. "목사님, 여기 이 구절을 영어로 읽으면 이런 뜻이 되는데, 이건 한글 성경하고는 좀 안 맞는 것 같습니다. 왜 이렇게 되는 건가요? 어느 게 맞는 건가요?"

이런 질문이 일어나는 이유를 우리는 세 가지 정도로 나누어서 생각해 볼 수 있습니다. 하나는 우선 우리 한역이 잘못되어 있는 경우입니다. 많지는 않지만 간간히 그런 경우들이 있습니다. 또 하나는 문법 적용을 다르게 해서 차이가 생기는 경우입니다. 이런 경우 당연히 번역에서도 상당한 의미 차이가 반영될 수밖에 없습니다. 이 두 가지 경우는 다음 장에서 좀 더 자세히 살펴보고자 합니다. 여기서는 세 번째 경우, 사본 문제에 집중해 보고자 합니다. 곧 사본의 차이가 번역에 영향을 미치는 경우입니다. 현대 영어 번역본들은 한역과 대체로 같은 헬라어 대본을 바탕으로 하기 때문에 헬라어 저본에서 조금씩 개정을 하는 경우 외에는 크게 차이가 나지 않습니다. 그러나 킹 제임스 역처럼 좀 오래된 영역본들은 그 경우가 다릅니다. 현대 헬라어 대본과 다른 대본을 사용하는 경우에는 그 번역에서도 현저한 차이가 일어날 수밖에 없습니다. 이와 관련하여 가장 대표적인 경우로 요한일서 5:7-8을 들 수 있을 것입니다.

우리 한글 성경(개역개정)은 매우 간단합니다. "증언하는 이가 셋이니 성령과 물과 피라 또한 이 셋은 합하여 하나이니라." 그러나 킹 제임스 역은 상당히 길게 되어 있습니다. 다음을 보십시오.

> "For there are three that bear record in heaven, the Father, the Word, and the Holy Ghost: and these three are one. And there are three that bear witness in earth, the Spirit, and the water, and the blood: and these three agree in one."

> (증언하는 이가 하늘에 셋인데, 곧 아버지와 말씀과 성령이고, 이 셋이 하나이니라. 그리고 증언하는 이가 땅에도 셋인데, 곧 성령과 물과 피고, 이 셋이 하나로 일치하느니라.)

만일 이 번역이 원본을 반영하는 것이라면, 이는 가장 완벽한 삼위일체 증거 본문이 될 것입니다. 그러잖아도 삼위일체라는 말이 성경 어디에 나오느냐고 공격하는 사람들이 많은데, 아버지와 말씀(성자)과 성령이 하나라는 문구를 내세울 수 있다면 이것은 가장 확실한 성경적 증거가 될 것입니다. 그러나 아쉽게도 우리는 이 긴 본문의 진정성을 인정할 수 없습니다. 왜냐하면 이 긴 본문 형태는 고대의 주요 대문자 사본들이나 초기 역본들에 전혀 나타나지 않으며, 오직 8개의 후대 사본들에 그것도 주로 가필된 형태로 나타나기 때문입니다. 후대의 필사자들이 이 본문을 삼위일체 본문으로 발전시키면 좋겠다고 유혹을 받았던 것이 분명합니다. 하지만 문맥상의 흐름은 삼위일체와는 상관이 없고, 예수 그리스도께서 하나님의 아들이심에 대한 세 가지의 증거가 하나로 완벽하게 일치한다는 것을 중심으로 합니다.

여호와의 증인 측에서는 이 본문을 가지고 삼위일체 교리에 대한 역공을 가합니다. 정통 교회가 이 본문을 삼위일체 교리의 증거 본문으로 내세우는데, 이것이 대단히 의심스러운 사본 증거에 근거하고 있기 때문에 삼위일체 교리도 그 근거가 의심스럽고 조작에 가까운 교리일 뿐이라는 것입니다. 이런 공격은 우리가 이 본문을 삼위일체 증거 본문으로 내세울 때 가능합니다. 하지만 우리는 그렇게 하지 않습니다. 물론 옛날 헬라어 공인 본문(Textus Receptus)이 이를 가지고 있었던 때가 있고, 이를 바탕으로 킹 제임스 역본이 만들어졌습니다. 그래서 지금도 킹 제임스 역은 "아버지와 말씀과 성령은 하나다."라는 문구를 보유하고 있지만, 우리는 더 이상 이런 본문 형태를 받아들이지 않습니다. 왜냐하면 그것은 믿을 만한 사본에 근거하지 않기 때문입니다.

삼위일체 교리 근거는 이 본문이 아니어도 충분합니다. 우리는 아무리 도움이 될 듯해 보이는 본문이 있더라도 그 근거가 믿을 만한 것인지를 먼저 따져보지 않으면 안 됩니다. 그렇게 하지 않고 맛있어 보인다고 덥석 물어서 사용했다가는 오히려 역공의 빌미를 줄 수 있습니다. 우리가 설교를 할 때도 킹 제임스 역에 이런 본문이 있다고 해서 이것을 바탕으로 삼위일체에 관한 설교를 한다면 그것은 큰 실수가 됩니다. 삼위일체에 대한 가르침 자체가 실수가 아니라, 그 가르침을 이와 상관없는 본문 위에 세우는 것이 실수입니다. 묵상이나 적용도 마찬가지입니다. 번역들 속에 차이가 나타날 때는 그것이 왜 그런 것인지 먼저 잘 살펴보는 것이 필요합니다. 만일 요한일서 5:7-8과 같이 빈약한 사본적 근거를 가지고 있는 경우라면, 이 본문을 바탕으로 삼위일체와 관련된 묵상을 발전시키지 말아야 합니다. 오히려 문맥의 흐름을 따라 하나님의 아들 예수 그리스도에 대한 확고한 증거들이 우리의 신앙생활에 어떤 유익을 주는지를 깊이 묵상하는 것이 필요합니다.

: 사본과 관련하여
설교자의 설명이 불가피한 경우

교인들이 까다로운 질문들을 들고 찾아올 때 불가피하게 사본과 관련된 설명들을 해야 하는 순간도 만나지만, 어떤 경우에는 이런 질문들이 없어도 설교자 스스로가 사본과 관련된 답변을 내놓아야 하는 순간들도 만납니다. 이는 원문을 읽고 설교를 준비하는 설교자들에게 심심치 않게 일어나는 일 중의 하나입니다. 원문이 우리가 알고 있는 한글 번역과는 다른 사본들을 선택하는 때가 더러 있습니다. 이런 때는 우리가 원문을 따라 설교나 묵상을 해야 할지 아니면 한글 번역을 따라 그렇게 해야 할지 고민하게 됩니다. 실제적인 고민입니다.

대표적인 예로 고전도전서 13:3을 들 수 있습니다. "내가 내게 있는 모든 것으로 구제하고 또 내 몸을 불사르게 내어줄지라도 사랑이 없으면 내게 아무 유익이 없느니라." 이 본문을 헬라어 원문으로 읽으면 "내 몸을 불사르게 내어줄지라도" 부분이 "내 몸을 자랑을 위해(ἵνα καυχήσωμαι) 내어줄지라도"가 됩니다. 이는 내가 스스로 영광을 취하고자 하는 목적에서 나의 몸을 내세우는 상황을 이야기합니다. 자기 영광을 추구하는 이런 행동 방식은 고린도교회 안에서 계속 문제가 되어 왔던 일이기 때문에 문맥에 거슬릴 일도 없습니다. 이런 형태의 본문은 약 200년경의 초기 파피루스 사본인 P⁴⁶과 시내산 사본, 알렉산드리아 사본, 바티칸 사본 등 권위 있는 초기 대문자 사본들의 지지를 받습니다. 반면 우리가 잘 알고 있는 형태인 "불사르게(ἵνα καυθήσομαι)"의 본문 형태는 베자 사본과 후기 소문자 사본들의 지지를 받고 있고, 또한 많은 교부들이 이 형태를 취하고 있습니다.

이런 경우 우리는 참 난감합니다. 헬라어 본문을 안 읽었으면 그냥 아무 생각 없이 "내 몸을 불사르게 내어"주는 희생적 행위를 할지라도 사랑 없이 그와 같이 하는 것은 아무 소용이 없다는 방향으로 설교를 하거나 묵상을 할 수 있었을 텐데, 괜히 헬라어 본문을 읽는 바람에 문제만 더 복잡하게 되는 것 아닌가요? 그렇게 생각할 수도 있습니다. 하지만 적어도 우리는 이 본문이 사본상의 논란을 가진다는 것을 확인할 필요가 있습니다. 다행히 헬라어 본문이 취하는 "자랑을 위해(ἵνα καυχήσωμαι)" 형태에 본문비평을 주도했던 신약학자 메츠거(Bruce M. Metzger)도 확신도가 현저히 낮은 C 등급을 주고 있기 때문에 이것을 취해야 할 압박이 그렇게 큰 것은 아닙니다.[2]

그러나 어떤 경우에는 이 압박이 외적, 내적 차원에서 훨씬 더 큰 경우도 있습니다. 예를 들어 우리가 즐겨 인용하는 히브리서 4:2의 경우가 그렇습니다. "그들과 같이 우리도 복음 전함을 받은 자이나 들은 바 그 말씀이 그들에게 유익하지 못한 것은 듣는 자가 믿음과 결부시키지 아니함이라." 이 구절은 이스라엘의 출애굽 선조들이 왜 가나안의 안식에 들어가는 데 실패할 수밖에 없었는지 그 이유를 설명하는 구절입니다. 그들이 복음을 듣지 못한 것 때문이 아닙니다. 그들도 가나안 안식의 복음을 들었지만, 그 "들은 바 말씀"이 겉도는 현상이 일어났습니다. 결합되어야 할 것이 바르게 결합되어야 하는데 안타깝게도 바른 결합이 일어나지 못해서 결국에는 아무런 유익을 얻지 못하게 되고 말았습니다.

이 본문에도 사본상 중요한 논점 한 가지가 놓여 있습니다. 히브리서 기자가 결합을 생각할 때 무엇과 무엇의 결합을 염두에 두고 있는가 하는 점입니다. 한글 번역이 취하는 결합의 형태는 "들은 바 그 말씀"과 듣는 자의 "믿음"의 결합입니다. 이런 경우 설교나 묵상의 강조점은 복음의 말씀을 듣되 귀로만 들어서는 안 되고 믿음을 결부시켜서 들어야 된다는 방향으로 나가게 됩니다. 아무리 좋은 말씀을 들어도 믿음으로 듣지 않으면 아무 소용이 없고 내게 아무 유익도 남기지 못하게 된다는 방향입니다.

하지만 우리가 이 본문을 헬라어 원문으로 읽으면 우리 번역과는 다른 결과가 일어납니다. 원문에 따라 번역하면, "들은 바 그 말씀이 믿음으로 들은 자들에게 결부되어 있지 않았던 그들에게 아무 유익을 주지 않았다."가 됩니다. 이 경우 강조점은 "들은 바 그 말씀"과 들은 자의 "믿음"의 결부가 아니라 출애굽 선조들인 "그들"과 "믿음으로 들은 자들"의 결부입니다. 여기서 "믿음으로 들은 자들"이 누군지는 이 구절의 배경을 이루는 민수기 13-14장의 사건에 그 답이 나옵니다. 가데스 바네아에서 12명의 정탐꾼들이 가나안 땅 정탐을 마치고 돌아와서 보고했을 때 10명의 사람들은 믿음 없는 보고를 하였습니다. 그러나 여호수아와 갈렙만은 믿음을 따라 보고하였습니다. 그들은 하나님께서 주신 가나안 약속의 복음을 믿음으로 들은 사람들입니다.

이들에게 결부되지 못한 나머지 사람들인 "그들"은 복음의 말씀을 듣고도 아무런 유익을 얻지 못하는 결과를 맞게 되었습니다.

위와 같은 차이가 나타나는 이유는 헬라어 원문에 따르면 "그들"이라는 대명사와 짝을 이루는 단어가 "결부되어 있는"(συγκεκερασμένους)이라는 형태로 되어있기 때문입니다. 이런 형태가 파피루스 사본들(P^13, P^46)과 알렉산드리아 사본, 바티칸 사본, 베자 사본 등에서 폭넓게 지지를 받고 있습니다. 메츠거도 여기에 비교적 안정적인 B 등급을 부여하고 있습니다.[3) 반면 "믿음"이 "들은 바 그 말씀"에 결부되는(συγκεκερασμένος) 것으로 보는 사본 형태는 시내산 사본을 제외하고는 그 권위가 비교적 떨어지는 사본들입니다.

이런 경우 저를 포함해 많은 설교자가 헬라어 본문에 나와 있는 형태대로(συγκεκερασμένους) 이 본문을 묵상하고 설교하고 싶은 강한 충동을 느낍니다. 이것이 히브리서 4:2이 바탕을 두고 있는 민수기 13-14장의 배경과도 더 잘 어울립니다. 우리는 하나님의 약속의 말씀을 믿음으로 들은 자들인 여호수아와 갈렙과 같은 신실한 지도자를 잘 따라가야 합니다. 그들과 결부되는 것이 우리가 들은 바의 말씀을 통하여 유익을 얻는 길입니다. 신약 시대의 관점에서 본다면, 옛 여호수아보다 더 좋은 지도자 되시는 새 여호수아(예수)와 결부되는 것이 가나안 안식에 들어가는 첩경입니다.

문제는 우리가 이런 방향으로 설교의 포인트를 발전시키고자 하면 교인들에게 사본과 관련된 까다로운 설명을 하지 않으면 안 된다는 점입니다. 과연 이렇게 하는 것이 유익이 있을까요? 그것은 설교자의 판단에 달린 문제입니다. 만일 우리가 헬라어 원문에 나오는 대로 이 본문을 읽고 설교하는 것이 옳다고 판단한다면 다소간 무리가 있더라도 사본의 문제를 설명하지 않을 수 없을 것입니다. 물론 굳이 사본 문제를 이야기하지 않더라도 설교 중에 왜 자신이 그렇게 보는 것이 더 낫다고 생각하는지 간단하게 설명할 수도 있을 것입니다. 이런 과정을 통하여 얻는 유익이 더 크다면 우리가 주저하고 두려워할 것이 무엇이 있겠습니까? 다만, 그다지 요긴하지도 않은 문제를 가지고 교인들을 번거롭게 할 필요는 없겠지요. 유익하고 옳은 것들을 좀 더 잘 분별할 수 있는 지혜를 주시도록 그저 겸손하게 기도할 뿐입니다.

: 본문 확정, 참 쉽지 않은 문제

원리적으로 따지면 석의 과정에서 제일 먼저 해야 할 일은 본문을 확정하는 일입니다. 그러나 막상 이 일을 잘 할 수 있으려면 좀 더 전문적인 식견과 훈련이 필요합니다. 원문 읽기도 힘든 판에 이런 부분에까지 신경을 쓸 필요가 있는가 하는 생각을 가질 수도 있습니다. 그러나 실상은 이런 부분에 대한 관심이 원문을 읽는 일 자체에 포함 됩니다. 앞에서의 몇 가지 예에서도 볼 수 있는 것처럼, 번역본들 속에서 발견하는 차이나, 원문과 번역본 속에 나타나는 차이는 자연히 우리로 하여금 그 차이의 이유가 무엇인지 관심을 갖게 합니다. 그래서 이 문제를 풀려고 시도하다 보면 그 차이가 문법과 관련된 문제인지 아니면 사본과 관련된 문제인지를 살피지 않을 수 없습니다.

다행히 우리는 이런 연구를 위해 좋은 주석들의 도움을 잘 받을 수 있습니다. 믿을 만한 좋은 주석들을 잘 찾아서 읽는 것만 해도 우리는 문제의 핵심을 짧은 시간 안에 잘 포착할 수 있습니다. 우리가 이런 관심을 가지고 평소에 성경 본문 연구를 꾸준히 하면 갑작스럽게 어려운 문제들을 들고 목회자를 찾아와서 "이거 어떻게 된 겁니까?"라고 묻는 교인들에게 대답할 준비를 잘 갖춘 것입니다. 세상의 부익부 빈익빈 현상이 교회 안에도 일어나고 있습니다. 성경에 관심이 없는 교인들은 점점 더 성경과 멀어지는 반면, 성경에 관심을 가지는 교인들은 점점 더 전문적인 지식에 대한 갈증이 깊어지고 있습니다. 성경공부도 이제는 다변화되어야 한다고 봅니다. 각 성도들의 필요에 따라 "진리의 말

씀을 옳게 분별(곧은길로 인도)"할 줄 아는 좋은 선생들이
더 많이 구비되어야 할 때입니다(딤후 2:15).

6장.

문법 및 번역과 관련된
까다로운 질문들

삶에서 은혜 받는 성경 해석 · 1

우리의 묵상이
기록된 하나님의 말씀을
더 정확하게 읽는 데서부터
시작하지 않으면 안 됩니다.

묵상이 바뀌면 삶이 바뀝니다. 그런 이유 때문에 바른 묵상을 하는 것이 대단히 중요합니다. 바른 묵상은 성경 본문에 대한 바른 이해에서 나옵니다. 자기가 보고 싶은 대로 성경을 보는 것을 피해야 합니다. 그러나 현실적으로는 강단 위나 강단 아래 할 것 없이 많은 사람이 자기 보고 싶은 대로 성경을 보고 잘못된 방향으로 묵상을 발전시켜 나가는 경우가 많습니다. 그 결과는 매우 이상한 형태로 나타납니다. 하나님의 뜻과는 정반대되는 것을 매우 거룩한 열정으로 실행해 나가는 크고 작은 '변종 경건'이 생겨나게 되는 것입니다.

해롤드 부셀(H. L. Bussell)은 왜 복음주의적 그리스도인들이 쉽게 사이비 종교 집단 같은 형태의 맹목적 헌신에 사로잡히게 되는지 자신의 체험을 바탕으로 연구하고 책

(*Unholy Devotion*, 1983)을 쓴 바가 있습니다. 부셀의 주장은 교회 지도자들이 잘못 발전시킨 묵상을 성도들이 하나님의 말씀처럼 맹목적으로 받아들일 때 이런 현상이 쉽게 일어난다는 것입니다. 뿐만 아니라 교인들 자신이 거룩한 열정을 가지고 안 거룩한 일을 하나님의 말씀인 양 묵상하고 실천하는 데 익숙해 있기도 합니다. 부셀이 드는 예는 이런 것입니다. 평소 교회 생활에 매우 헌신적인 한 부인이 상담사를 만나서 자신의 확신 한 가지를 이야기하기 시작했습니다. 남편과 이혼하고 지금 달콤한 관계에 빠져 있는 새 남자와 결혼하라고 하나님께서 일러 주셨다는 것입니다. 어떻게 그렇게 확신하느냐고 상담사가 물었더니 이렇게 대답을 했다고 합니다. 어느 날 아침에 성경을 읽는데 에베소서 4:24이 눈에 확 들어오더라는 것입니다. "하나님을 따라 의와 진리의 거룩함으로 지으심을 받은 새 사람을 입으라(put on the new man)." 이 여인은 이 구절을 읽으면서 하나님께서 내게 어떻게 이렇게 딱 맞는 말씀을 주실까 놀라움에 사로잡혔습니다. "새 사람" 곧 새 남자를 취하는 것이 하나님의 뜻이라고 생각한 것입니다. 이런 방식으로 이 여인은 '안 거룩한' 일을 거룩한 열정으로 수행합니다. 이것이 바로 "안 거룩한 헌신"입니다.

말씀의 묵상이 말씀 자체를 바르게 아는 일에서부터 시작되지 않으면 이런 방식의 왜곡된 결과들을 얼마든지 산

출할 수 있습니다. 성경 본문의 정확한 이해에 근거한 올바른 말씀 묵상이 우리의 삶을 하나님께서 원하시는 참된 거룩으로 바르게 인도해 갑니다. 다행히 한국 교회 안에는 말씀을 사랑하고 성경을 진지하게 살피는 성도들이 주류를 이루고 있습니다. 그러나 이런 좋은 바탕도 우리가 조금만 주의를 게을리하면 쉽게 허물어져 버릴 수 있습니다. 좋은 것을 더 좋게 살려나가기 위한 노력이 절실히 필요한 때입니다. 올바른 말씀 묵상을 위해서 성경 번역과 문법 적용이 중요합니다. 이에 따라 묵상의 방향이 달라지기 때문입니다.

지난 장에서는 사본과 관련하여 본문의 의미가 달라질 수 있는 경우들을 생각해 보았습니다. 이번에는 문법의 적용이나 번역과 관련하여 본문의 의미와 묵상의 방향이 달라질 수 있는 경우들을 몇 가지 범주로 나누어서 생각해 보도록 하겠습니다.

: 한글 성경 번역이 잘못된 경우

우리가 성경 묵상을 할 때는 때로 단어 하나까지 세밀하게 신경을 씁니다. 그래서 한 단어 한 단어를 일부러 부각시켜서 읽고 묵상해 보기도 합니다. 단어 하나를 잘못 새기면 의미에 큰 혼선이 일어나기도 합니다. 제가 신학교에

다닐 때 스코틀랜드에서 오신 블랙 선교사님에게서 한 동안 강해 설교에 대해 배웠던 적이 있습니다. 몇 명의 친구들과 함께 당시 막 부산에 자리를 잡기 시작한 선교사님과 사귀면서 요한일서를 공부하였습니다. 한번은 아침 7시에 모임이 있다고 해서 새벽기도를 마치자마자 같이 모여서 선교사님 댁으로 찾아갔습니다. 문을 두드렸더니 선교사님이 잠옷 차림으로 나와서 웬일이냐고 물었습니다. 성경공부하러 왔다고 하자 약속 시간은 아침이 아니라 저녁 7시라는 것입니다. 전달 과정에서 저녁이 아침으로 바뀌고 말았습니다. 블랙 선교사님도 무척 당황하셨지만 더 당황하신 사모님의 모습을 잊을 수가 없습니다. 아마 문화 충격을 심하게 받으셨을 것입니다. 이것이 다 저녁(p.m.)이 아침(a.m.)으로 잘못 인식된 것 때문에 일어난 해프닝이었습니다. 익숙하지도 않은 양반 다리를 하고 앉아서 한국 사람과 한국 문화에 자신을 맞추어나가고자 애를 쓰시던 블랙 선교사님의 모습이 지금도 눈에 선합니다.

선교사님은 요한일서 2:12-14에 나타나는 반복 현상과 관련하여, 강해설교에 있어서도 핵심 요지의 반복이 대단히 중요하다는 것을 강조하였습니다. 하지만 그분은 우리 한글 성경 번역에 대해서는 아무런 인지를 하지는 못하셨을 것입니다. 요한일서 2:12의 한글 번역은 이렇게 되어 있습니다. "자녀들아 내가 너희에게 쓰는 것은 너희 죄가 그의 이름으로 말미암아 사함을 받았음이요." 만일 우리가 이 구절을 현재 번역대로 묵상한다면 우리는 우리의 죄가 어떤 통로를 통해 사하여졌는지, 그 사죄의 방법에 대해 묵상하지 않으면 안 되도록 되어 있습니다. 그러나 헬라어 원문은 그것을 허용하지 않습니다. 이 구절에 사용된 *디아*(διὰ)라는 전치사는 그 뒤에 소유격(속격)이 올 때와 목적격(대격)이 올 때 그 의미가 달라집니다. 소유격과 함께 사용될 때는 '-을 통하여' 또는 '-로 말미암아'라는 의미이지만, 목적격과 함께 사용될 때는 '-때문에' 또는 '-을 위하여'라는 의미가 됩니다. 요한이 사용하는 표현은 후자 쪽입니다(διὰ τὸ ὄνομα αὐτοῦ). 그러므로 이 구절은 '그의 이름을 위하여'로 번역하는 것이 합당합니다. 우리의 죄들은 하나님의 이름을 위하여 사하여졌습니다. 따라서 우리는 우리 죄들을 사하여 주신 하나님의 이름을 높이지 않으면 안 됩니다. 우리는 이 구절을 묵상할 때 우리의 죄가 어떤 방식으로 사하여졌는지에 집중할 것이 아니라, 우리의 죄를 사하여 주신 하나님의 이름을 어떻게 높일 것인지 깊이 묵상해야 합니다. 우리는 그 이름을 어떻게 높일 수 있을까요? 요한이 제시하는 길은 다른 것이 아닙니다. 이미 우리의 죄가 다 사하여졌기(완료 시제 동사 사용에 주목) 때문에 이 놀라운 은혜를 기반으로 하여 하나님이 주신 사랑의 계명을 준행하며 살아가는 것이 곧 하나님의 이름을 높이는 길입니다.

이런 경우 "그의 이름으로 말미암아"라는 한글 번역
은 '그의 이름을 위하여'(for his name's sake - KJV, on
account of his name - NIV)로 수정되어야 합니다. 사죄
의 용서와 은혜를 받은 성도는 하나님의 이름의 영광을 위
하여 삽니다. 사죄가 반복되는 죄의 면허증처럼 오용되어
서는 안 됩니다. 사죄가 값없이 주어진 것이라 하여 그것을
값없는 것인 양 가볍게 대해서는 안 됩니다. 우리는 우리의
전 삶을 드려서 하나님의 이름의 영광을 드높이며 살아가
야 합니다. 이것이 요한일서 2:12이 의도하는 본래의 내용
입니다.

: 한글 성경 번역이 불분명한 경우

어떤 경우에는 한글 번역이 잘못된 것은 아니지만 매우
불분명하게 되어 있는 경우도 있습니다. 이런 경우에도 우
리의 묵상이 영향을 받을 수밖에 없습니다. 예를 들어, 요
한일서 2:6의 한글 번역은 이렇게 되어 있습니다. "그의 안
에 산다고 하는 자는 그가 행하시는 대로 자기도 행할지니
라." 이 번역대로 우리가 묵상을 하면 "그" 곧 하나님 안에
우리가 사는 사람들인 만큼 "그" 곧 하나님께서 행하시는
것처럼 우리도 그를 따라서 살아가는 사람들이 되어야 한

다는 방향으로 묵상을 발전시켜야 할 것입니다. 그래서 하나님과 우리 사이에는 서로 닮은 삶의 형태가 나타나야 한다는 것이 묵상의 핵심 포인트가 될 것입니다.

큰 틀에서의 방향은 문제될 것이 없습니다. 그러나 세밀한 부분에 들어오면 문제가 발견됩니다. 우리 한글 성경은 첫 번째 "그"와 두 번째 "그"를 전혀 구분하지 않습니다. 동일한 한 하나님을 가리키는 것으로 인식할 수밖에 없습니다. 그러나 원문에서는 다른 용어를 사용합니다. 첫 번째 "그"는 하나님을 가리키는 것이 맞지만, 두 번째 "그"를 위해서는 *에케이노스*(ἐκεῖνος = '저')라는 다른 지시대명사를 사용합니다. 요한일서에서 이 *에케이노스*는 일관되게 예수님을 지칭합니다. 뿐만 아니라 "행하시는"으로 번역되어 있는 동사도 원문에서는 현재가 아니라 단순과거 시제로 되어 있습니다(περιεπάτησεν '저'가 행하셨다). 그러므로 "그가 행하시는 대로"로 번역되어 있는 이 문구를 좀 더 정확하게 하면 '저 곧 예수님께서 행하신 대로'가 됩니다. 이 문구는 예수님이 지상에 계실 때 삶의 모습을 지칭합니다. 하나님과의 사귐을 가지는 사람의 삶 속에는 예수님의 삶의 모습이 반드시 나타나야 한다는 것을 강조하고 있습니다. 일단 이 구절의 좀 더 정확한 번역은 '그 곧 하나님 안에 거하노라고 말하는 사람은 저 곧 예수님께서 행하신 것처럼 그 자신 또한 그같이 행하여야만 한다.'가 됩니다. 그렇다면 우리의 묵상의 방향 또한 좀 더 구체적일 수밖에 없습니다. 우리가 하나님과의 사귐을 추상적으로 생각하고 있지는 않는지 돌아보아야 합니다. 머릿속에서 늘 하나님을 생각하고 살아가면 그것이 하나님과 사귐을 가지는 것이라고 착각하기 쉽습니다. 요한이 말하는 사귐은 그런 것이 아닙니다. 구체적인 삶의 행위 속에서 예수님을 닮아가는 것입니다. 이런 닮음이 나타나지 않으면 하나님과의 사귐을 가진다는 주장도 거짓이 되기 쉽습니다.

요한일서 4:17도 예수님과 우리 사이의 긴밀한 유대 관계를 강조합니다. "이로써 사랑이 우리에게 온전히 이루어진 것은 우리로 심판 날에 담대함을 가지게 하려 함이니 주께서 그러하심과 같이 우리도 이 세상에서 그러하니라." 이 구절은 우리가 심판 날을 맞이할 때도 하나님 앞에서 담대함을 가질 수 있는 이유가 무엇인지를 말해 줍니다. 그 이유에 해당하는 문구가 "주께서 그러하심과 같이 우리도 이 세상에서 그러하"기 때문이라는 것입니다. "주께서"라고 번역된 단어가 앞서 2:6에서 사용된 지시 대명사 에케이노스입니다. 이 대명사가 요한일서 속에서는 예수님을 가리키기 때문에 이곳에서는 그런 지시 관계를 살려서 "주께서"로 바르게 의역을 해 놓은 것입니다.

그럼에도 불구하고 여전히 애매한 것이 남습니다. "주께서 그러하심과 같이 우리도 이 세상에서 그러하"다는 것은 무엇을 의미하는 것일까요? 이런 애매함은 요한의 압축적인 표현 때문에 일어납니다. 요한이 조금 더 상세히 풀어서 표현을 해 주었더라면 하는 아쉬움이 큽니다. 요한은 고도로 압축적인 방식으로 '저(예수님)가 계심'(ἐκεῖνός ἐστιν)과 '우리가 있음'(ἡμεῖς ἐσμεν)을 서로 연결시키고 있습니다. 현재 시제로 표현되고 있는 예수님의 계심은 말할 것도 없이 그가 하나님의 보좌 우편에서 아버지와 영원한 사귐 가운데 계심을 가리킵니다. 예수님께서 그렇게 계신 것처럼 우리는 이 세상 속에서 하나님과의 사귐 속에 있습니다. 비록 질적인 차이는 있지만, 예수님과 우리는 하나님과의 동일한 사귐을 누리고 있습니다. 이 사귐은 시공을 초월하는 특별한 가치를 가집니다. 요한의 이 압축적인 구절을 조금 풀어서 의역을 해 보면 이렇게 됩니다. "저 곧 예수님께서 [지금 아버지와 함께 사귐 가운데] 계신 것처럼 우리 또한 이 세상 속에서 [비록 제한된 차원이지만 그러나 동일한 사귐 가운데] 있기 때문이다." 바로 이런 이유 때문에 우리에게는 심판의 날이 두려움의 날이 아닙니다. 오히려 그날은 우리에게 기대의 날입니다. 지금 이 세상 속에서 제한된 차원의 사귐에서 친히 하나님을 대면하여 뵈옵고 사귀는 복되고 영광스러운 차원으로 변화될 것이기 때문입니다. 그런 면에서 예수님과 우리는 시공간을 초월하는 공동 운명체로 함께 묶여 있습니다. 이런 소망을 가진 사람들의 삶은 이 소망에 따라 현재 모습이 변화될 수밖에 없습니다. "주를 향하여 이 소망을 가진 자마다 그의 깨끗하심과 같이 자기를 깨끗하게 하느니라"(요일 3:3). 이런 삶을 증진시키는 것이 우리의 묵상이 지향하는 목표입니다. 반대로 자기 욕망의 충족을 목표로 하는 묵상은 반드시 타락으로 귀착될 수밖에 없습니다.

: 한역이 원문의 뉘앙스를 잘 살리지 못하는 경우

성경 묵상을 하면서 우리가 본문의 뉘앙스까지 잘 살려 낼 수 있다면 얼마나 좋겠습니까? 그런데 이런 뉘앙스는 번역 단계에서 많이 감소되기 마련입니다. 그중에 가장 대표적인 것이 동사를 명사로 전환시키는 현상입니다. 이렇게 하면 개념은 전달되지만, 원래의 동사가 가지는 행위 차원의 뉘앙스는 상실되고 맙니다.

대표적인 몇 가지 예를 들어 보겠습니다. 갈라디아서 4:19에서 바울은 이렇게 말합니다. "나의 자녀들아 너희 속에 그리스도의 형상을 이루기까지 다시 너희를 위하여 해산하는 수고를 하노니." 이 구절에 나오는 "그리스도의 형상"은 어떤 의미일까요? 그리스도를 가리켜 "하나님의 형상"(고후 4:4)이라 부르는데, 이것과 연관성이 있을까요? 그리스도께서 하나님을 드러내고 비추는 역할을 하시는 것처럼 우리도 그리스도를 드러내고 비추는 사람들이 되어야한다는 뜻일까요? 그러면서 바울은 이런 방식으로 갈라디아 교인들을 양육하기 위해 해산의 수고를 감당하고 있는 것이구나 하고 대략 정리를 하면 될까요?

이것이 크게 틀린 것은 아니지만, 방향이 잘못 설정되었습니다. 여기에 나오는 "그리스도의 형상"은 "하나님의 형상"과 아무런 연관성이 없습니다. 우리말 번역과는 달리 바울은 '형상'이라는 명사를 사용하지 않고 '형성되다'라는 동사를 사용하고 있습니다. 직역을 하면 "그리스도가 너희 속에 형성되도록(μορφωθῇ)"이 됩니다. 바울은 갈라디아 교회들 속에 침입해 온 불순한 무리들과 맞서서 갈라디아 교인들 속에 오직 그리고 철저히 그리스도가 형성되는 이 일을 목표로 다시 한번 해산의 수고를 감당하려 합니다. 이렇게 방향을 잘 설정하고 나면 좀 더 세부적인 차원에서 '형성되도록'이라는 동사가 품고 있는 뉘앙스가 무엇인지를 더 깊이 생각하게 됩니다. 이것이 현재 시제가 아니라 단순과거 시제로 표현된 것은 어떤 연속적인 성화의 과정을 염두에 둔 것이 아니라, 지금 비복음의 길을 향하고 있는 갈라디아 교인들 속에 다시 한번 결정적으로 그리스도가 형성되는 일이 필요하다는 것을 암시하고 있습니다. 또한 이 동사가 수동태로 표현되어 있는 것은 이 형성의 주체가 인간이 아니라 하나님 또는 성령님이라는 것을 암시하고 있습니다. 갈라디아 교인들 자신의 노력으로나 아니면 바울의 애씀을 통해서가 아니라, 오직 성령님의 역사를 통해 그들 속에 그리스도가 온전히 형성되는 것입니다. 그러므로 우리가 이 본문을 "그리스도의 형상"이라는 명사 형태로가 아니라 원문 그대로를 따라 동사 형태로 묵상하게 되면, 나 자신은 처음부터 끝까지 그리스도 안에 서 있는 사람인가를 돌아보지 않을 수 없습니다. 많은 사람이 "큰 믿음"이 있어야 한다, "더 큰 은사"를 가져야 한다는 등 근거 없는 말로써 성도들을 혼란스럽게 하지만, 가장 본질적이고 중요한 것은 우리 안에 처음부터 끝까지 그리스도가 온전히 형성되어 있는가 하는 것입니다. 그리스도가 전부가 되지 않는 사람에게 다른 현상적인 것들은 다 자기 욕망의 충족 수단에 지나지 않습니다.

진정으로 그리스도가 형성된 사람은 더 이상 육신의 사람이 아니라 성령을 따라 살아가는 성령의 사람이 됩니다 (갈 5:16-18). 그리고 그 생각과 추구하는 방향이 전적으로 그리스도를 기준으로 삼게 됩니다. 바울은 이것을 빌립보서 2:5에서 "너희 안에 이 마음을 품으라 곧 그리스도 예수의 마음이니"라고 표현하고 있습니다. 이곳에서도 동일하게 동사를 명사로 전환시키는 번역상의 구습이 나타나고 있습니다. 우리에게 너무나 익숙한 "그리스도의 마음"이라는 표현이 그것입니다. '마음'으로 번역될 수 있는 헬라어 단어는 여러 가지가 있는데, 과연 여기서는 바울이 어떤 단어를 썼을까? 누군가가 이런 궁금증을 가지고 원문을 찾아보면 곧 실망하게 됩니다. 여기에는 마음과 관련된 그 어떤 명사도 나타나지 않기 때문입니다. 오히려 바울이 사용하고 있는 단어는 '너희가 생각하라'(φρονεῖτε)라는 명령형 동사입니다. 그러므로 이 구절을 "그리스도의 마음"이라는 표현이 나타나는 다른 구절과 엮어서 풀이하는 것은 개념의 혼동을 낳을 뿐입니다. 대표적으로 많은 사람이 고린도전서 2:16의 "우리가 그리스도의 마음을 가졌느니라"와 연결시켜서 읽는데, 이는 적절하지 못합니다. 거기에서는 바울이 누스(νοῦς)라는 명사를 사용하지만, 빌립보서 2:5에서는 뉘앙스가 전혀 다른 동사를 사용하고 있기 때문입니다.

빌립보서 2:5은 직역하면 "그리스도 예수 안에도 있는 그것을 너희 가운데서도 (계속) 생각하라."가 됩니다. '생각하라'(φρονεῖτε)라는 동사의 현재 시제는 이런 행위가 지속적으로 작동되어야 할 일임을 말해 줍니다. 이것을 "그리스도의 마음"처럼 명사로 바꾸어 버리면 이 동사가 가지고 있는 능동적, 지속적 행위 차원의 뉘앙스가 사라져 버리고 맙니다. 바울이 요구하는 것은 우리가 "그리스도의 마음" 같은 것을 품기만 하라는 것이 아니라 그리스도께서 취하셨던 삶의 방식을 항상 의식적으로 취하면서 살아가라는 것입니다. 헬라어 사전(BDAG)은 프로네오(φρονέω)라는 동사에 "주의 깊은 사고를 바탕으로 어떤 태도를 형성하다."라는 의미를 돌리고 있습니다. 단지 머리의 생각만이 아니라 삶의 방식, 일정한 삶의 자세가 이루어지는 것이 이 단어의 핵심입니다. 우리의 성향(to be disposed)이 그리스도를 기준으로 새롭게 형성되어야 합니다. 이것이 바르게 이루어지면 예배 따로, 생활 따로와 같은 현상은 일어날 수가 없습니다. 하나님을 대하는 것과 이웃을 대하는 것이 별개의 문제가 될 수 없습니다. 얼마나 많은 사람이 "그리스도의 마음"을 추상화시켜서 마음으로는 하나님을 섬긴다고 하면서 실제적인 삶 속에서는 하나님께서 미워하시는 비윤리적이고 추악한 일들을 서슴없이 저지르고 있는지 모릅니다. 이는 매순간 우리가 성령님을 따라 그리스도와 같은 삶의 자세를 취하면서 살아가는 훈련이 되어 있지 않기 때문에 일어나는 현상입니다. 우리가 본문의 원 의도를 잘 살려 묵상을 바르게 해 나가면 우리의 삶 속에는 반드시 하나님께서 의도하시는 삶의 형태가 만들어질 수밖에 없습니다.

: 문법 적용을 다르게 할 때 번역이 달라지는 경우

요즘은 영어 성경을 사용하는 교인들이 많기 때문에 심심치 않게 한역과는 다른 의미를 찾아서 질문하는 분들이 많습니다. 특히 우리에게 익숙한 본문들 속에서 그런 차이들을 많이 발견합니다. 빌립보서 3:12 같은 본문이 한

예입니다. "내가 이미 얻었다 함도 아니요 온전히 이루었다 함도 아니라 오직 내가 그리스도 예수께 잡힌바 된 그것을 잡으려고 달려가노라." 이 번역대로 하면 바울이 잡으려고 하는 것은 "그리스도 예수께 잡힌바 된 그것"입니다. 오늘날 많이 사용하는 영역인 NIV 성경에서는 "I press on to take hold of that for which Christ Jesus took hold of me."로 되어 있는데, 이 경우 바울이 잡으려고 하는 것은 "그리스도 예수께서 나를 잡으셨을 때 그가 가지셨던 목적"이 됩니다. 또 다른 영어 번역인 RSV(Revised Standard Version)는 이를 "I press on to make it my own, because Christ Jesus has made me his own."으로 번역하였습니다. "그리스도 예수께서 나를 그의 것으로 삼으셨기 때문에 내가 그것[그리스도 안에서 발견되는 것]을 나의 것으로 삼고자 달려간다."는 의미입니다.

이 번역들의 차이는 바울이 여기서 그가 잡으려 하는 어떤 목표물을 제시하느냐, 아니면 앞에서 그가 밝힌 목표(특히 3:9)를 향하여 달려가는 이유가 무엇인지를 밝히느냐 하는 것입니다. 이는 바울이 이 구절에서 사용하는 엡 호(ἐφ᾽ ᾧ)라는 문구를 어떻게 읽을 것이냐에 따라 나타나는 차이입니다. 여기에 사용된 관계 대명사의 의미를 그대로 살려서 읽는다면 이는 그가 잡으려는 목표물(for which)의 의미가 되겠지만, 그렇지 않고 이를 통상적인 이유 접속사로 본다면 '-때문에'(because)가 됩니다. 바울은 같은 서신 안에서도 이 문구를 이유 접속사로 사용하고 있습니다(빌 4:10, 그 밖에도 롬 5:12, 고후 5:4 등). 따라서 이렇게 읽는 것이 이 구절에서도 더 적절해 보입니다. 바울은 자신이 그리스도에 의해 붙잡혔기 때문에 그래서 또한 그가 그리스도에 의해 완전히 붙잡히는(그리스도 안에서 발견되는) 그 것을 향하여 달려가고 있는 것입니다. 바울은 다메섹 도상의 경험을 통해 처음부터 그리스도에 의해 강압적으로 붙들린 사람이고, 그의 마지막 목표 또한 그리스도 안에서 온전히 발견되는 그것입니다. 그의 삶의 시작과 끝은 오직 그리스도입니다.

이처럼 번역의 차이들 배후에는 문법 적용을 어떻게 할 것이냐의 차이가 놓여 있는 경우가 많습니다. 그러므로 우리가 성경을 읽으면서 이런 차이들을 발견하면 왜 이런 차이가 나타나는 것인지 살펴보지 않을 수 없습니다. 그것이 사본의 선택 때문에 생기는 문제인지, 아니면 문법의 적용 때문에 생기는 문제인지 따져 보는 것이 필요합니다. 우리는 이런 작업을 번거롭게 생각해서는 안 됩니다. 왜냐하면 본문에 대한 주의 깊은 이해가 우리의 묵상에 깊은 영향을 미치며, 묵상이 바르게 되느냐 아니냐에 따라 우리의 삶 속에 일어나는 결과가 천양지차로 달라지기 때문입니다.

: 거룩한 삶을 증진시키는 묵상

성경 묵상은 그리스도인들 속에 예수님 닮은 삶을 증진 시키는 것을 그 목표로 삼습니다. 자신의 개인적 욕망을 하 나님의 이름으로 만족시키려 하는 것은 묵상의 이름으로 이루어지는 도둑질이며 거짓말일 뿐입니다. 안타깝게도 한 국 교회는 지금까지 이런 사람들을 무더기로 양산해 놓았 습니다. 자기 좋을 대로 성경을 보고 자기 욕망에 따라 성 경을 적용하기를 좋아하는 많은 한국 교회의 교인들 속에 서 우리는 그리스도의 모습을 찾기 어렵고 그리스도를 따 라 형성된 하나님의 사람의 모습을 찾기 어렵습니다. 오히 려 우리가 발견하는 것은 본질은 바뀌지 않고 껍데기만 종 교의 언어를 사용하는 탐욕의 사람들입니다. 우리는 지금 부터라도 이것을 바로잡아 가야 합니다. 그렇게 하자면 우 리의 묵상이 기록된 하나님의 말씀을 더 정확하게 읽는 데 서부터 시작하지 않으면 안 됩니다. 그런 점에서 묵상과 성 경공부는 늘 병행되어야 합니다. 그러할 때 우리의 묵상은 하나님께서 원하시는 거룩한 삶을 낳습니다.

미주

1장

1) *Discours*, II.7.41.

2) H.-G. Gadamer, *Truth and Method*, trans. J. Weinsheimer, D. Marshall(New York: Crossroad Publishing, 1989), 308.

3) 참조. 앤터니 티슬턴, 『두 지평』, 박규태 역(서울: IVP, 2017), 475.

4) 스탠리 그렌츠, 로저 올슨, 『20세기 신학』, 신재구 역(서울: IVP, 1997), 189.

2장

1) 번 S. 포이트레스, 『하나님 중심의 성경 해석학』, 최승락 역(고양: 이레서원, 2018), 143.

2) 포이트레스, 『하나님 중심의 성경 해석학』, 144-45.

3) Kevin J. Vanhoozer, *Faith Speaking Understanding* (Louisville: Westminster John Knox Press, 2014), 194. 부흥과개혁사 역간.

3장

1) 존 스토트, 『시대를 사는 그리스도인』, 한화룡, 정옥배 역(서울: IVP, 2016), 123-24.

4장

1) 조지 휫필드, 『하나님의 사랑을 입은 사람들』, 최승락
   역(서울: 지평서원, 2004), 70.

2) 제임스 사이어, 『비뚤어진 성경해석』, 박우석 역(생명
   의 말씀사, 1983), 69.

3) 돈 카슨 『성경해석의 오류』, 박대영 역(서울: 성서유니
   온선교회, 2002), 31.

4) 권성수, 『성경해석학』 (서울: 총신대학출판부, 1991),
   11-12.

5장

1) R. T. France, *The Gospel of Mark*, NIGTC (Grand
   Rapids: Eerdmans, 2002), 361. 새물결플러스 역간.

2) B. M. Metzger, *A Textual Commentary on the
   Greek New Testament* (New York: United Bible
   Society, 1971), 497.

3) Metzger, *A Textual Commentary*, 595.

삶에서 은혜 받는 성경 해석 1권
: 책임 있는 성경 해석과 묵상

초판 1쇄 인쇄   2021년 2월 16일
초판 1쇄 발행   2021년 2월 19일

발행인   이기룡
지은이   최승락
디자인   박다영
발행처   도서출판 담북
등록번호   제2018-000072호(2018년 3월 28일)
주소   서울시 서초구 고무래로 10-5(반포동)
전화   02-533-2182
팩스   02-533-2185
홈페이지   www.qtland.com